Karl Marx e Friedrich Engels

Manifesto do Partido Comunista

Karl Marx e Friedrich Engels

Manifesto do Partido Comunista

TEXTO INTEGRAL

Tradução
Antonio Carlos Braga

Lafonte

Título original Alemão: *Manifest der Kommunistischen Partei*

Direção Editorial *Ethel Santaella*
Coordenação *Denise Gianoglio*
Organização Editorial *Ciro Mioranza*
Tradução *Antonio Carlos Braga*
Revisão *Suely Furukawa*
Diagramação *Eduardo Nojiri*
Imagem OXYGEN64/*Shutterstock.com*

Dados Internacionais de Catalogação na Publicação (CIP)
(Câmara Brasileira do Livro, SP, Brasil)

Marx, Karl, 1818-1883
Manifesto do partido comunista / Karl Marx e Friedrich Engels ; tradução Antonio Carlos Braga. -- 1. ed. -- São Paulo : Lafonte, 2018.

Título original: Manifest der Kommunistischen Partei
"Texto integral"
ISBN 978-85-8186-281-1

1. Comunismo 2. Filosofia marxista 3. Política - Filosofia 4. Socialismo I. Engels, Friedrich, 1820-1895. II. Título.

18-18052 CDD-335.422

Índices para catálogo sistemático:

1. Manifesto comunista 335.422

Cibele Maria Dias - Bibliotecária - CRB-8/9427

Direitos de edição em língua portuguesa, para o Brasil, adquiridos por Editora Lafonte Ltda.

Av. Profa. Ida Kolb, 551 – 3º andar – São Paulo – SP – CEP 02518-000
Tel.: 55 11 3855-2286
atendimento@editoralafonte.com.br • www.editoralafonte.com.br

Índice

Apresentação

O *Manifesto do Partido Comunista* é o primeiro brado do comunismo para o mundo. É sua apresentação como movimento revolucionário. É o catecismo dos comunistas elaborado por dois jovens filósofos alemães, Marx e Engels, a pedido da Liga dos Comunistas. Redigido em 1848, o Manifesto prepara a revolução que haveria de influenciar a política e a economia do mundo inteiro. Seu primeiro objetivo é revolucionar as ideias, mudar a forma de pensar a vida, de pensar a sociedade, de pensar o trabalho. As relações intrínsecas e extrínsecas do poder precisam ser redimensionadas, precisam ser submetidas a uma reviravolta para que o povo e, em particular, o trabalhador assuma outro significado e outro papel na sociedade. "Um espectro ronda a Europa" – assim começa o *Manifesto*, constituindo-se numa ameaça, além de um grito de alerta. O trabalhador, o operário necessita de seu espaço digno na sociedade, um espaço que sempre lhe foi negado por todos os regimes políticos. Oprimido e escravizado, simples instrumento de produção de bens, o trabalhador deverá se transformar de vítima do sistema em condutor de um novo modelo de distribuição de todos os bens que estão concentrados nas mãos de poucos.

O operário é uma força. E vai entrar em cena. Com a luta de classes, com a revolução, com a derrubada da burguesia exploradora, com a abolição das monarquias absolutistas, com o redimensionamento dos setores de produção, de comércio e de consumo. Em poucas palavras, o *Manifesto* prega a inserção do trabalhador na sociedade com todos os direitos que eram, na época de Marx, privilégio dos governantes e da burguesia. Diante de uma história de milênios, na qual as camadas inferiores da sociedade sempre foram espezinhadas e oprimidas, mesmo após o surgimento do cristianismo que pregava a igualdade e a fraternidade, a solução para romper essa opressão é a luta de classes que conduz necessariamente à revolução e, por conseguinte, à remodelação do regime político e de governo em que se exige, necessariamente, a participação das massas.

Documento denso e breve, pregação de nova ordem social, o *Manifesto do Partido Comunista* não necessita de maiores comentários, até porque, hoje, todos sabemos a que revoluções de ideias e de armas este grito de alerta conseguiu levar o mundo e, em particular e mais concretamente, algumas áreas geográficas deste planeta.

O tradutor

Prefácio da edição alemã de 1872

A *Liga dos Comunistas*[1], associação operária internacional que, nas condições de então, evidentemente só podia ser secreta, encarregou os signatários deste, delegados ao congresso realizado em Londres em novembro de 1847, da redação de um programa teórico e prático pormenorizado do Partido para fins de publicação. Esta é a origem deste *Manifesto*, cujo manuscrito foi enviado a Londres para impressão, poucas semanas antes da *Revolução de Fevereiro*[2]. Publicado primeiramente em alemão, teve nesta língua pelo menos doze edições diferentes na Alemanha, na Inglaterra e na América. Traduzido para o inglês por Miss Helen Macfarlane, apareceu primeiro em 1850 em Londres, no *Red Republican*[3], e na América apareceu em 1871, tendo pelo menos três traduções diferentes. Em francês, apareceu uma primeira vez em Paris, pouco antes da insurreição de junho de 1848[4] e,

[1] Liga fundada por Marx e Engels em 1847, na cidade de Londres, para a qual os dois redigiram o *Manifesto do Partido Comunista*, publicado em 1848 (NT)

[2] Trata-se da revolução que eclodiu na França no mês de fevereiro de 1848, de inspiração liberal e democrática, movimento popular que se iniciou em janeiro desse ano no sul da Itália e que se expandiu por vários países da Europa, atingindo a França em fevereiro (NT).

[3] Semanário inglês, publicado em Londres (NT).

[4] Refere-se à insurreição dos operários em Paris, ocorrida entre 24 e 26 de junho de 1848, e que foi reprimida de modo violento e sangrento pelo governo francês (NT).

recentemente. em *Le Socialiste* de Nova Iorque[5]. Uma nova tradução está sendo preparada. Foi feita também uma edição em polonês na cidade de Londres, pouco tempo depois da primeira edição alemã. Em russo, apareceu em Genebra na década de 1860. Foi igualmente traduzido para o dinamarquês logo depois de sua publicação original.

Embora as condições tenham mudado muito no curso dos últimos vinte e cinco anos, os princípios gerais expostos neste *Manifesto* conservam, ainda hoje, em suas grandes linhas toda a sua exatidão. Seria necessário rever, aqui e acolá, alguns pormenores. O próprio *Manifesto* explica que a aplicação prática dos princípios dependerá sempre e em toda parte das circunstâncias históricas existentes e, por conseguinte, não se deve atribuir demasiada importância às medidas revolucionárias propostas no fim do segundo capítulo. Esta passagem seria redigida hoje, sob muitos aspectos, de modo bem diferente. Em vista dos imensos progressos da grande indústria nos últimos vinte e cinco anos e dos progressos paralelos que realizou, em sua organização como partido, a classe operária; em vista das experiências práticas, primeiro da revolução de Fevereiro, depois e principalmente da Comuna de Paris[6] que, durante dois meses, pela primeira pôs nas mãos do proletariado o poder político, este programa se tornou antiquado hoje em determinados pontos. A Comuna, de modo particular, demonstrou que "a classe operária não pode se contentar em apoderar-se da máquina do Estado tal qual existe e fazê-la funcionar em benefício próprio" (ver *Der Büergerkrieg in Frankreich, Adresse des Generalrats der Internationalen Arbeiterassoziation – A Guerra Civil na França. Mensagem do Conselho Geral da Associação Internacional dos Trabalhadores* – onde esta ideia é mais longamente desenvolvida). Além disso, é evidente que a crítica da literatura socialista apresenta

[5] *Le Socialiste* (O Socialista) era um semanário publicado (entre 1871 e 1873) em língua francesa na cidade de Nova Iorque (NT).

[6] Com o designativo *Comuna de Paris* são relembrados dois fatos revolucionários ocorridos na capital francesa. Um deles se refere ao governo municipal de Paris durante a Revolução Francesa, governo que durou de 1789 a 1795. O outro fato histórico, que é aquele a que Marx e Engels se referem aqui, relembra o governo revolucionário instalado na cidade de Paris após a insurreição de 18 de março de 1871 e que perdurou até 27 de maio do mesmo ano; o movimento, que incluía revolucionários de várias tendências que haviam insuflado os operários, foi sufocado pelas armas com um saldo de dezenas de milhares de mortos (NT).

uma lacuna para o período atual, porquanto se detém em 1847. E, de igual modo, se as observações sobre a posição dos comunistas com relação aos diferentes partidos de oposição (capítulo IV) são hoje ainda exatas em seus princípios, envelheceram, contudo, em sua aplicação, porque a situação política se modificou de ponta a ponta e a evolução histórica fez desaparecer a maioria dos partidos ali enumerados.

Entretanto, o *Manifesto* é um documento histórico que não nos atribuímos o direito de modificar. Uma edição posterior poderá talvez ser precedida de uma introdução que pudesse preencher a lacuna existente entre 1847 e nossos dias; a presente reimpressão nos colheu de modo tão inesperado que não nos deu tempo para escrevê-la.

Londres, 24 de junho de 1872.
Karl Marx, Friedrich Engels

Prefácio da edição russa de 1882

A primeira edição russa do Manifesto do Partido Comunista, traduzido por Bakunin, apareceu na década de 1860 na tipografia do Kolokol[1]. Nessa época, uma edição russa desta obra tinha para o Ocidente, quando muito, a importância de uma curiosidade literária. Hoje, já não seria a mesma coisa.

Quão reduzido era o terreno em que se propagava o movimento proletário nessa época (dezembro de 1847), é o que se deduz claramente do último capítulo do *Manifesto*: "Posição dos comunistas diante dos diferentes partidos de oposição nos diversos países". A Rússia e os Estados Unidos, de modo particular, nele não são mencionados. Era o momento em que a Rússia constituía a última grande reserva da reação europeia e em que a emigração para os Estados Unidos absorvia o excedente das forças do proletariado da Europa. Esses dois países forneciam à Europa matérias-primas e lhe ofereciam ao mesmo tempo mercados para o escoamento de seus produtos industriais. Os dois serviam, portanto, de uma forma ou de outra, de contraforte à organização social da Europa.

[1] *Kolokol* (O sino) era o nome de um jornal revolucionário editado em Londres até 1865 na tipografia Russa Livre; esta se transferiu depois para a cidade de Genebra, Suíça, onde o *Manifesto* foi impresso (NT).

Como tudo isso mudou hoje! Foi precisamente a imigração europeia que tornou possível o colossal desenvolvimento da agricultura na América do Norte, desenvolvimento cuja concorrência abala em seus alicerces a grande e a pequena propriedade fundiária na Europa. Foi essa mesma emigração que, além do mais, deu aos Estados Unidos a possibilidade de empreender a exploração de seus imensos recursos industriais e isso com uma energia e numa escala tais que o monopólio industrial da Europa ocidental, e particularmente aquele da Inglaterra, irá desaparecer a breve prazo. Essas duas circunstâncias repercutem, por sua vez, de forma revolucionária sobre a própria América. A pequena e a média propriedade dos produtores agrícolas, essa base de toda a ordem política americana, vai sucumbindo aos poucos diante da concorrência das gigantescas fazendas, enquanto que, nos distritos industriais, se forma pela primeira vez um numeroso proletariado ao lado de uma fabulosa concentração do capital.

Passemos agora à Rússia. No momento da revolução de 1848-49, os monarcas da Europa bem como a burguesia europeia viam na intervenção russa o único meio de salvação contra o proletariado que acabava justamente de despertar. O czar[2] foi proclamado chefe da reação europeia. Hoje ele é prisioneiro de guerra da revolução em Gátchina e a Rússia está na vanguarda do movimento revolucionário da Europa.

O *Manifesto Comunista* tinha como tarefa proclamar o desaparecimento inevitável e próximo da propriedade burguesa moderna. Mas na Rússia, ao lado da especulação capitalista que se desenvolve febrilmente e da propriedade fundiária burguesa em vias de formação, mais da metade do solo é propriedade comum dos camponeses. Trata-se, portanto, de saber se a comunidade rural russa – essa forma já desnaturada da antiga propriedade comum da terra – vai passar diretamente para a forma comunista superior da propriedade comum ou se deve passar primeiramente pelo mesmo processo de dissolução que sofreu no decorrer do desenvolvimento histórico do Ocidente.

[2] Trata-se de Nicolau I (1796-1855), cognominado "guarda da Europa", por suas intervenções no esmagamento de rebeliões europeias e na manutenção de um equilíbrio europeu diante dos recorrentes movimentos de insurreição em diversos países (NT).

A única resposta que hoje se pode dar a esta pergunta é a seguinte: se a revolução russa der o sinal de uma revolução proletária no Ocidente, de tal modo que ambas se completem, a propriedade comum atual da Rússia poderá servir de ponto de partida para uma evolução comunista.

Londres, 21 de janeiro de 1882
Karl Marx, Friedrich. Engels

Prefácio da edição alemã de 1883

Infelizmente tenho de assinar sozinho o prefácio desta edição. Marx, o homem a quem toda a classe operária da Europa e da América deve mais que a qualquer outro, repousa no cemitério de Highgate[1] e sobre seu túmulo já cresce a primeira relva. Depois de sua morte, não se poderia de modo algum tratar de refazer ou completar o Manifesto. Por isso é que julgo tanto mais necessário estabelecer expressamente, uma vez mais, o que segue.

A ideia fundamental e dominante do *Manifesto*, isto é, que a produção econômica e a estrutura social que dela necessariamente decorre constituem, em cada época histórica, a base da história política e intelectual dessa época; que, por conseguinte (desde a dissolução da propriedade comum do solo dos tempos primitivos), toda a história tem sido uma história de lutas de classes, de lutas entre classes exploradas e classes exploradoras, entre classes dominadas e classes dominantes, nos diferentes estágios de seu desenvolvimento social; mas que esta luta atingiu atualmente um estágio em que a classe explorada e oprimida (o proletariado) não pode mais se libertar da classe que a explora e a oprime (a burguesia), sem libertar ao mesmo tempo e para sempre a sociedade

[1] Cemitério de Londres, cidade onde Marx vivia; ele faleceu no dia 14 de março de 1883 (NT).

inteira da exploração, da opressão e das lutas de classes; esta ideia fundamental pertence única e exclusivamente a Marx[2].

Já o declarei muitas vezes, mas é necessário agora que esta afirmação figure no início do *Manifesto*.

Londres, 28 de junho de 1883
Friedrich Engels

[2] No prefácio da edição inglesa escrevi que, a meu ver, essa ideia marcou para a ciência histórica o mesmo progresso que a teoria de Darwin marcou para as ciências naturais. Nós dois nos aproximamos dessa ideia alguns anos antes de 1845. Até que ponto eu tinha avançado nesta direção revela-o meu livro *Die Lage der arbeitenden Klasse in England* (A situação da classe operária na Inglaterra). Mas quando voltei a encontrar Marx em Bruxelas, na primavera de 1845, ele a tinha elaborado já e a expôs a mim, em termos quase tão claros como o fiz há pouco (*Nota de Engels à edição alemã de 1890*).

PREFÁCIO DA EDIÇÃO INGLESA DE 1888

O *Manifesto* é o programa da Liga dos comunistas, associação de operários no início exclusivamente alemã e mais tarde internacional, e nas condições políticas do continente antes de 1848 só podia ser uma sociedade secreta. No congresso da Liga, realizado em Londres em novembro de 1847, Marx e Engels foram encarregados de redigir, para ser publicado, um amplo programa teórico e prático do partido. Redigido em alemão, o manuscrito foi enviado a Londres, para ser impresso, algumas semanas antes da revolução francesa de 24 de fevereiro. A tradução francesa saiu em Paris pouco antes da insurreição de junho de 1848. A primeira tradução inglesa, de Miss Helen Macfarlane, apareceu no Red Republican de George Julian Harney, Londres, 1850. Tinham sido publicadas também as edições dinamarquesa e polonesa.

A derrota da insurreição parisiense de junho de 1848 – a primeira grande batalha entre proletariado e burguesia – devia novamente, por um certo período, empurrar para um segundo plano as reivindicações políticas e sociais da classe operária europeia. A partir de então, somente os diversos grupos da classe proprietária se confrontavam de novo na luta pela supremacia, precisamente como ocorria antes da revolução de fevereiro; a classe operária teve de se limitar a combater pela liberdade de ação política e a se alinhar nas posições extremas dos radicais da classe média. Todo movimento proletário autônomo, por pouco que continuasse a dar sinais de vida, era esmagado impiedosamente. Foi assim que a polícia prussiana conseguiu descobrir o Comitê Central da Liga dos Comunistas que nessa época tinha sua sede em Colônia. Seus membros foram detidos e, depois de dezoito meses de prisão, foram julgados em outubro de 1852. Este famoso "Processo dos comunistas de Colônia" estendeu-se de 4 de outubro a 12 de novembro; sete dos prisioneiros foram condenados a penas que oscilavam entre três e seis anos de cadeia numa fortaleza[1]. Imediatamente após a sentença, a Liga foi formalmente dissolvida pelos membros que haviam ficado em liberdade. Quanto ao *Manifesto*, julgava-se, a partir de então, que devesse ser votado ao esquecimento.

Quando a classe operária europeia recuperou forças suficientes para um novo ataque contra as classes dominantes surgiu a *Associação Internacional dos Trabalhadores*[2]. Entretanto, essa Associação, que havia sido constituída com o objetivo expresso de fundir num só corpo todas as forças combativas do proletariado da Europa e da América, não pôde proclamar de imediato os princípios expostos no *Manifesto*. O programa da Internacional devia ser bastante vasto para que fosse aceito tanto pelas *Trade-unions* inglesas como pelos seguidores de Proudhon[3] na França, Bélgica, Itália e Espanha, e pelos partidários de Lassalle[4] na Alemanha[5]. Marx, que redigiu este programa de modo a satisfazer a todos esses partidos, confiava inteiramente no desenvolvimento intelectual da classe operária que seguramente deveria ser fruto da ação combinada e

[1] O *Processo dos Comunistas de Colônia* foi preparado e conduzido pelo governo prussiano, valendo-se de documentos e de testemunhos falsos, resultando na condenação de onze de seus membros, acusados de alta traição. A respeito desse processo, Engels escreveu o artigo *The late trial at Cologne* (O recente julgamento em Colônia) e Marx publicou o folheto *Enthüllungen über den Kommunisten Prozess zu Köln* (Revelações sobre o processo dos comunistas de Colônia) (NT).

[2] A *Associação Internacional dos Trabalhadores* foi fundada no dia 28 de setembro de 1864 numa grande assembleia pública internacional de operários em Londres. Foi eleito um comitê provisório integrado também por Karl Marx que recebeu a incumbência de redigir os documentos programáticos da Associação. Esse comitê passou a ser denominado Conselho Geral da Internacional e Karl Marx era de fato o dirigente e organizador desse Conselho e, como tal, redigiu numerosas mensagens, resoluções e documentos que eram emanados pela Associação Internacional (NT).

[3] Pierre-Joseph Proudhon (1809-1865), economista, teórico político e escritor francês, um dos fundadores do anarquismo, pregava a confiança total no mutualismo e na organização do crédito gratuito como resposta ao problema da miséria social. Seu projeto teve grande repercussão, particularmente entre as classes operárias, mas fracassou. *Filosofia da miséria*, principal obra de Proudhon, mereceu uma dura crítica de Marx que, em resposta, escreveu *A miséria da filosofia* (NT).

da discussão mútua. Os próprios acontecimentos e as vicissitudes da luta contra o capital – as derrotas muito mais que as vitórias – não podiam deixar de convencer os homens da insuficiência de todas as panaceias e de levar a compreender a fundo as verdadeiras condições da emancipação da classe operária. E Marx tinha razão. Quando em 1874 a Internacional se dissolveu[6], os operários já eram bem diferentes daqueles da época de sua fundação em 1864. O proudhonismo na França e o lassallismo na Alemanha estavam agonizando e até mesmo as *Trade-unions* inglesas, conservadoras, cuja maioria já tinha, havia muito tempo, rompido com a Internacional, aproximavam-se aos poucos do momento em que seu presidente[7], no ano passado em Swansea, pôde dizer em nome delas: " O socialismo continental não nos mete mais medo." De fato, os princípios do *Manifesto* haviam feito progressos consideráveis entre os operários de todos os países.

Desse modo, o *Manifesto* voltou uma vez mais ao primeiro plano. Depois de 1850, o texto alemão tinha sido reeditado diversas vezes na Suíça, na Inglaterra e na América. Em 1872 foi traduzido para o inglês em Nova Iorque e publicado no *Woodhull and Claflin's Weekly*[8]. Desta versão inglesa foi feita uma francesa e publicada em *Le Socialiste* de Nova Iorque. A seguir, apareceram na América pelo menos mais duas traduções inglesas, mais ou menos mutiladas, e uma delas foi reeditada na Inglaterra. A primeira tradução russa, feita por Bakunin, foi publicada por volta de 1863 em Genebra, na tipografia do *Kolokol* de Herzen; a segunda tradução, da heroica Vera Zassulitch, saiu também em Genebra em 1882. Uma nova edição dinamarquesa foi lançada pela *Socialdemokratisk Bibliothek* em

[4] Ferdinand Lassalle (1825-1864), socialista alemão, membro e primeiro presidente da *Associação Geral dos operários alemães*, fundada em 1863. Ligou-se a Proudhon e a Marx, mas rompeu com este último por divergências políticas. Reivindicava a ajuda do Estado para as associações operárias e combatia frontalmente a burguesia liberal, sugerindo inclusive que o Estado deveria estabelecer o sufrágio universal para enfraquecê-la (NT).

[5] Pessoalmente, diante de nós, Lassalle sempre se reconheceu como discípulo de Marx e, como tal, se inseria no terreno do *Manifesto*. Mas, em sua agitação pública de 1862-1864, não foi além da reivindicação de cooperativas de produção sustentadas por créditos do Estado (*Nota de Engels*).

[6] Na realidade, a Internacional se dissolveu em 1876. De fato, o congresso de Haia, realizado em 1872, decidiu pela transferência do Conselho Geral da Associação Internacional dos Trabalhadores para os Estados Unidos da América, onde continuou até a realização do Congresso de Filadélfia em 1876 (NT).

[7] O presidente do congresso das *Trade-unions* de Swansea (cidade da Inglaterra), realizado em 1887, era W. Bevan (NT).

Copenhague em 1885[9]; uma nova tradução francesa foi publicada por *Le Socialiste* de Paris em 1885[10]. Desta última foi elaborada uma versão espanhola, publicada em Madri em 1886[11]. Isso sem contar as edições reimpressas alemãs; conta-se pelo menos doze delas. A tradução armênia, que devia ter aparecido em Constantinopla há alguns meses, não viu a luz do dia unicamente porque, segundo fui informado, o editor teve medo de fazer sair um livro com o nome de Marx e o tradutor se recusou a se fazer passar como autor do Manifesto. Tenho ouvido falar de outras traduções em outras línguas, mas na verdade não cheguei a vê-las. Assim, pois, a história do *Manifesto* reflete em grande medida a história do movimento operário moderno; no momento atual, é incontestavelmente a obra mais difundida, a obra mais internacional de toda a literatura socialista, o programa comum de milhões de operários, da Sibéria à Califórnia.

Entretanto, quando foi escrito não podíamos conferir-lhe o título de *Manifesto Socialista*. Em 1847, por socialistas entendia-se, de um lado, os adeptos dos diversos sistemas utópicos: os partidários de Owen[12] na Inglaterra, os seguidores de Fourier[13] na França, ambos já reduzidos a simples meras seitas agonizantes; de outro lado, os mais variados charlatães sociais que prometiam, sem qualquer dano para o capital e o lucro, curar todas as enfermidades sociais por meio dos mais diversos truques. Nos dois casos, eram homens que viviam fora do movimento operário e que procuravam apoio de preferência junto das classes "cultas". Pelo contrário, todo esse setor dos operários que, convencido da insuficiência de simples sublevações políticas, reclamava uma transformação fundamental da sociedade, recebia o designativo de comunista. Era um comunismo mal esboçado, puramente instintivo, às vezes um pouco grosseiro; apresentava, contudo, o essencial e se revelou bastante forte na classe operária para dar origem ao comunismo utópico: aquele de Cabet[14] na França e o de Weitling[15] na Alemanha. Assim, em 1847,

[8] *Woodhull and Claflin's Weekly* era um semanário novaiorquino que circulou de 1870 a 1876, dirigido por duas feministas: Victoria Woodhull e Tennessee Claflin (NT).

[9] A edição dinamarquesa citada reproduzia a tradução de Edvard Wiinblad, publicada em janeiro de 1884 no *Social-Demokraten* de Copenhague (NT).

[10] Esta tradução foi feita por Laura Lafargue e foi publicada em *Le Socialiste* de Paris entre agosto e novembro de 1885 (NT).

[11] A tradução espanhola, de José Mesa, publicada pela primeira vez em 1872 no jornal *La Emancipación*, foi republicada no semanário *El Socialista* entre junho e agosto de 1886 (NT).

o socialismo indicava um movimento burguês e o comunismo, um movimento operário. O socialismo tinha, no continente pelo menos, "sua respeitabilidade"; para o comunismo ocorria exatamente o oposto. E como, desde sempre, éramos do parecer que "a emancipação dos operários deve ser obra dos próprios operários", não podíamos hesitar um instante sequer sobre a denominação a adotar. Além do mais, nunca chegamos a pensar em repudiá-la.

Embora o *Manifesto* seja nossa obra comum, considero, contudo, meu dever constatar que a tese principal, que forma seu núcleo, é de autoria de Marx. Essa tese é que, em toda época histórica, o modo predominante da produção e da troca econômicas e a estrutura social que ele condiciona, formam a base sobre a qual repousa a história política de mencionada época e a história de seu desenvolvimento intelectual, base a partir da qual somente pode ser explicada; que desse fato toda a história da humanidade (desde a dissolução da sociedade tribal primitiva com sua posse comum do solo) tem sido uma história de lutas de classes, de lutas entre classes exploradoras e exploradas, entre classes dominantes e classes oprimidas; que a história dessa luta de classes atinge, no momento presente, em seu desenvolvimento, uma etapa em que a classe explorada e oprimida – o proletariado – não pode mais se livrar do jugo da classe que explora e que oprime – a burguesia – sem libertar, ao mesmo tempo e de uma vez por todas, a sociedade inteira de qualquer exploração, opressão, divisão em classes e luta de classes.

Essa ideia que, a meu ver, está destinada a fazer pela ciência histórica o mesmo progresso que a teoria de Darwin[16] fez pela biologia, nós nos tínhamos aproximado ambos, aos poucos, alguns anos antes

[12] Robert Owen (1771-1858), filantropo e socialista utópico inglês, empresário que amealhou grande fortuna, utilizando-a para melhorar a sorte de centenas de milhares de operários; seu projeto, porém, fracassou (NT).

[13] Charles Fourier (1772-1837), socialista utópico francês, fomentador de cooperativas de produção e de consumo, cujos rendimentos deveriam ser distribuídos entre o trabalho, o talento e o capital (NT).

[14] Etienne Cabet (1788-1856), teórico comunista e escritor francês, defendia uma utopia social, cujas bases deveriam repousar sobre o princípio comunista e a onipotência do Estado. Tentou criar uma colônia nos Estados Unidos segundo seu modelo, mas não teve sucesso (NT).

[15] Wilhelm Weitling (1808-1871), político alemão, participou com destaque dos movimentos revolucionários e operários, chegando a propor um sistema comunista cristão, pois via na classe operária um meio privilegiado para a libertação de todos os oprimidos e explorados (NT).

de 1845. Até que ponto eu mesmo tinha avançado nessa direção, independentemente, pode ser verificado claramente em meu livro *A situação da classe operária na Inglaterra*[17]. Quando, na primavera de 1845, voltei a encontrar Marx em Bruxelas, ele já a tinha elaborado e dela me fez uma exposição praticamente tão clara quanto o fiz aqui eu mesmo.

Reproduzo aqui a seguinte passagem, tomada de nosso prefácio comum da edição alemã de 1872:

"Embora as condições tenham mudado muito no curso dos últimos vinte e cinco anos, os princípios gerais expostos neste *Manifesto* conservam, ainda hoje, em suas grandes linhas toda a sua exatidão. Seria necessário rever, aqui e acolá, alguns pormenores. O próprio *Manifesto* explica que a aplicação prática dos princípios dependerá sempre e em toda parte das circunstâncias históricas existentes e, por conseguinte, não se deve atribuir demasiada importância às medidas revolucionárias propostas no fim do segundo capítulo. Esta passagem seria redigida hoje, sob muitos aspectos, de modo bem diferente. Em vista dos imensos progressos da grande indústria nos últimos vinte e cinco anos e dos progressos paralelos que realizou, em sua organização como partido, a classe operária; em vista das experiências práticas, primeiro da revolução de Fevereiro, depois e principalmente da Comuna de Paris que, durante dois meses, pela primeira pôs nas mãos do proletariado o poder político, este programa se tornou antiquado hoje em determinados pontos. A Comuna, de modo particular, demonstrou que "a classe operária não pode se contentar em apoderar-se da máquina do Estado tal qual existe e fazê-la funcionar em benefício próprio" (ver *Der Büergerkrieg in Frankreich, Adresse des Generalrats der Internationalen Arbeiterassoziation – A Guerra Civil na França. Mensagem do Conselho Geral da Associação Internacional dos Trabalhadores* – onde esta ideia é mais longamente desenvolvida). Além disso, é

[16] Charles Darwin (1809-1882), cientista inglês, famoso por sua principal obra, intitulada *A origem das espécies,* obra já publicada em três volumes nesta coleção da Editora Escala (NT).

[17] *The Condition of the Working Class in England in 1844.* By Frederick Engels. Translated by Florence K. Wischnewetzky, New York, Lovell-London, W. Reeves, 1888 (*Nota de Engels*).

evidente que a crítica da literatura socialista apresenta uma lacuna para o período atual, porquanto se detém em 1847. E, de igual modo, se as observações sobre a posição dos comunistas com relação aos diferentes partidos de oposição (capítulo IV) são hoje ainda exatas em seus princípios, envelheceram, contudo, em sua aplicação, porque a situação política se modificou de ponta a ponta e a evolução histórica fez desaparecer a maioria dos partidos ali enumerados. Entretanto, o Manifesto é um documento histórico que não temos mais o direito de modificar."

A presente tradução é do Sr. Samuel Moore, o tradutor da maior parte de *O Capital*, de Marx. Juntos fizemos a revisão dela e acrescentei algumas notas explicativas de ordem histórica.

Londres, 30 de janeiro de 1888
Friedrich Engels

Prefácio da edição alemã de 1890

Desde que escrevi as linhas que precedem[1], tornou-se necessária uma nova edição alemã do Manifesto. Além disso, convém mencionar aqui que muitas coisas aconteceram com relação ao Manifesto.

Uma segunda tradução russa de Vera Zassulitch apareceu em Genebra no ano de 1882; Marx e eu redigimos o prefácio para essa edição. Infelizmente perdi o manuscrito original alemão e sinto-me obrigado a retraduzir do russo, o que não é de grande proveito para o próprio texto. Esse prefácio dizia:

"A primeira edição russa do *Manifesto do Partido Comunista*, traduzido por Bakunin, apareceu na década de 1860 na tipografia do *Kolokol*. Nessa época, uma edição russa desta obra tinha para o Ocidente, quando muito, a importância de uma curiosidade literária. Hoje, já não seria a mesma coisa. Quão reduzido era o terreno em que se propagava o movimento proletário nessa época (janeiro de 1848), é o que se deduz claramente do último capítulo do *Manifesto*: "Posição dos comunistas diante dos diferentes partidos de oposição nos diversos países". A Rússia e os Estados Unidos, de modo particular, nele não são mencionados. Era o momento em que a Rússia constituía a última grande reserva da reação europeia e em que a emigração para os Estados Unidos absorvia o excedente das forças do proletariado da Europa. Esses dois países forneciam à Europa matérias-primas e

[1] Engels se refere aos prefácios que figuravam nas edições alemãs de 1872 e de 1883 (NT).

lhe ofereciam ao mesmo tempo mercados para o escoamento de seus produtos industriais. Os dois serviam, portanto, de uma forma ou de outra, de contraforte à organização social da Europa.

Como tudo isso mudou hoje! Foi precisamente a imigração europeia que tornou possível o colossal desenvolvimento da agricultura na América do Norte, desenvolvimento cuja concorrência abala em seus alicerces a grande e a pequena propriedade fundiária na Europa. Foi essa mesma emigração que, além do mais, deu aos Estados Unidos a possibilidade de empreender a exploração de seus imensos recursos industriais e isso com uma energia e numa escala tais que o monopólio industrial da Europa ocidental, e particularmente aquele da Inglaterra, irá desaparecer a breve prazo. Essas duas circunstâncias repercutem, por sua vez, de forma revolucionária sobre a própria América. A pequena e a média propriedade dos produtores agrícolas, essa base de toda a ordem política americana, vai sucumbindo aos poucos diante da concorrência das gigantescas fazendas, enquanto que, nos distritos industriais, se forma pela primeira vez um numeroso proletariado ao lado de uma fabulosa concentração do capital.

Passemos agora à Rússia. No momento da revolução de 1848-49, os monarcas da Europa bem como a burguesia europeia viam na intervenção russa o único meio de salvação contra o proletariado que acabava justamente de despertar. O czar foi proclamado chefe da reação europeia. Hoje ele é prisioneiro de guerra da revolução em Gátchina e a Rússia está na vanguarda do movimento revolucionário da Europa.

O *Manifesto Comunista* tinha como tarefa proclamar o desaparecimento inevitável e próximo da propriedade burguesa moderna. Mas na Rússia, ao lado da especulação capitalista que se desenvolve febrilmente e da propriedade fundiária burguesa em vias de formação, mais da metade do solo é propriedade comum dos camponeses. Trata-se, portanto, de saber se a comunidade rural russa – essa forma já desnaturada da antiga propriedade comum da terra – vai passar diretamente para a forma comunista superior da propriedade comum ou se deve passar primeiramente pelo mesmo processo de dissolução que sofreu no decorrer do desenvolvimento histórico do Ocidente.

A única resposta que hoje se pode dar a esta pergunta é a seguinte: se a revolução russa der o sinal de uma revolução proletária no Ocidente, de tal modo que ambas se completem, a propriedade comum atual da Rússia poderá servir de ponto de partida para uma evolução comunista.

Londres, 21 de janeiro de 1882."

Uma nova tradução polonesa apareceu na mesma época em Genebra: *Manifest Komunistyczny*[2].

Mais tarde, uma nova tradução dinamarquesa apareceu na *Socialdemokratisk Bibliothek*, em Copenhague, no ano de 1885. Infelizmente, não é inteiramente completa; algumas passagens essenciais, que parecem ter levantado dificuldades ao tradutor, foram omitidas e aqui e acolá podem ser constatados vestígios de negligência, cujo efeito é tanto mais desagradável quando se verifica, de acordo com o resto, que a tradução poderia ter sido, com um pouco mais de cuidado, excelente.

Em 1886 apareceu uma nova tradução francesa em *Le Socialiste* de Paris; é a melhor de todas até o momento.

A partir dessa tradução apareceu, no mesmo ano, uma versão espanhola, primeiro em *El Socialista* de Madri e depois como brochura: *Manifiesto del Partido Comunista* por Carlos Marx y F. Engels, Madrid, *Administración de "El Socialista"*, Hernán Cortés.

A título de curiosidade, refiro ainda que em 1887 o manuscrito de uma tradução armênia foi oferecido a um editor de Constantinopla; o bom homem não teve, contudo, a coragem de publicar uma brochura que tivesse o nome de Marx e julgou que seria melhor que o tradutor se declarasse o autor do opúsculo, o que ele se recusou a fazer.

Por diversas vezes foram reimpressas na Inglaterra certas traduções americanas mais ou menos inexatas; finalmente uma tradução autêntica apareceu no ano de 1888. É de meu amigo Samuel Moore e nós a revisamos juntos antes da impressão. O título dela é: *Manifesto of the Communist Party, by Karl Marx and Frederick Engels. Authorized English Translation, edited and annotated by Frederick Engels, 1888, London, William Reeves, 185 Fleet St., E. C.* Retomei na presente edição algumas das notas dessa tradução inglesa.

O *Manifesto* teve seu próprio curso histórico. Saudado com entusiasmo quando de seu aparecimento pela vanguarda ainda pouco numerosa do socialismo científico (como o provam as traduções assinaladas no primeiro prefácio), foi logo posto em segundo plano pela reação que se seguiu à derrota dos operários parisienses em junho de 1848 e, por fim, foi proscrito "segundo a lei" com a condenação dos comunistas de Colônia em novembro de 1852. Com o desaparecimento do cenário público do movimento operário que datava da revolução

[2] A tradução é da autoria de Witold Piekarski e foi publicada em 1883 (NT).

de Fevereiro, o *Manifesto* desapareceu também do cenário político.

Quando a classe operária europeia recuperou forças suficientes para um novo ataque contra as classes dominantes surgiu a *Associação Internacional dos Trabalhadores*. Essa Associação tinha por objetivo fundir num único e imenso exército toda a classe operaria militante da Europa e da América. Não poderia, portanto, partir diretamente dos princípios expostos no *Manifesto*. Tinha de ter um programa que não fechasse a porta às *Trade-unions* inglesas, nem aos proudhonianos franceses, belgas, italianos e espanhóis, nem aos lassalleanos[3] alemães. Este programa – o preâmbulo dos Estatutos da Internacional – foi redigido por Marx com uma maestria que até Bakunin e os próprios anarquistas reconheceram. Para a vitória definitiva das proposições apresentadas no *Manifesto*, Marx confiava unicamente no desenvolvimento intelectual da classe operária, que devia necessariamente resultar da unidade de ação e de discussão. Os acontecimentos e as vicissitudes da luta contra o capital – as derrotas muito mais que as vitórias – não podiam deixar de convencer os homens da insuficiência de todas as panaceias e de levar a compreender a fundo as verdadeiras condições da emancipação da classe operária. E Marx tinha razão. A classe operária de 1874, quando da dissolução da Internacional, era completamente diferente daquela de 1864, quando de sua fundação. O proudhonismo dos países latinos e o lassallismo propriamente dito na Alemanha agonizavam e até mesmo as Trade-unions inglesas, então ultraconservadoras, se aproximavam aos poucos do momento em que, em 1867, o presidente[4] de seu congresso de Swansea podia dizer em nome delas: "O socialismo continental não nos mete mais medo." Mas, desde 1887, o socialismo continental se identificava quase inteiramente com a teoria formulada no *Manifesto*. E assim a história do *Manifesto* reflete até certo ponto a história do movimento operário moderno desde 1848. No momento presente, ele é incontestavelmente a obra mais difundida, a obra mais internacional de toda a literatura socialista, o programa comum de milhões de operários de todos os países, da Sibéria à Califórnia.

[3] Diante de nós, Lassalle sempre se declarava pessoalmente como "discípulo" de Marx e, como tal, se inseria obviamente no terreno do *Manifesto*. O mesmo não se passava com aqueles dentre seus seguidores que não iam além de sua reivindicação de cooperativas de produção com crédito do Estado e que dividiam toda a classe operária em operários que contam com subsídios do Estado e operários que só contam com a própria ajuda (*Nota de Engels*).

Entretanto, quando apareceu não podíamos conferir-lhe o título de *Manifesto Socialista*. Em 1847, entendia-se por socialista duas espécies de pessoas. Em primeiro lugar, os seguidores dos diversos sistemas utópicos, notadamente os owenistas na Inglaterra e os fourieristas na França, ambos os quais já não passavam de meras seitas agonizantes. Por outro lado, os mais variados charlatães sociais que, com suas diversas panaceias e com toda espécie de truques, queriam eliminar as misérias sociais, sem sequer tocar no capital e no lucro. Nos dois casos, eram homens que viviam fora do movimento operário e que procuravam apoio de preferência junto das classes "cultas". Pelo contrário, todo esse setor dos operários que, convencido da insuficiência de simples sublevações políticas, reclamava uma transformação fundamental da sociedade, recebia o designativo de comunista. Era um comunismo mal esboçado, puramente instintivo, às vezes um pouco grosseiro; apresentava, contudo, o essencial e se revelou bastante forte na classe operária para dar origem ao comunismo utópico: na França, a *Icária* de Cabet[5], e na Alemanha, o sistema de Weitling[6]. Em 1847, o socialismo indicava um movimento burguês e o comunismo, um movimento operário. O socialismo tinha, no continente pelo menos, "sua respeitabilidade"; para o comunismo ocorria exatamente o oposto. E como, desde esse momento, éramos claramente do parecer que "a emancipação dos operários deve ser obra dos próprios operários", não podíamos hesitar um instante sequer sobre a denominação a adotar. Além do mais, nunca chegamos a pensar em repudiá-la.

"Proletários de todos os países, uni-vos!" Algumas vozes somente nos responderam quando lançamos este apelo ao mundo, faz agora 42 anos, nas vésperas da primeira revolução de Paris, na qual o proletariado se apresentou com suas próprias reivindicações. Mas a 28 de setembro de 1864, proletários da maioria dos países da Europa ocidental se uniam para formar a Associação Internacional dos Trabalhadores, de gloriosa memória. A própria Internacional, aliás, só viveu nove anos. Mas que a união eterna estabelecida por ela entre os proletários de todos os países existe ainda e que é mais pujante que nunca, disso não há melhor prova do que o dia de hoje. No momento em que escrevo estas linhas, o proletariado da Europa e da América passa em revista suas forças de combate, mobilizadas

[4] W. Bevan. (NT).

pela primeira vez num único exército, sob uma mesma bandeira e para um mesmo objetivo imediato: a fixação legal da jornada normal de oito horas de trabalho, proclamada desde 1866 pelo Congresso Internacional de Genebra e novamente pelo Congresso Operário de Paris em 1899. O espetáculo do dia de hoje mostrará aos capitalistas e aos proprietários de terras de todos os países que os proletários de todos os países estão efetivamente unidos.

Ah! Se Marx estivesse a meu lado para ver tudo isso com seus próprios olhos!

Londres, 1°. de maio de 1890
Friedrich Engels

[5] Referência ao livro *Viagem à Icária* de Etienne Cabet (1788-1856), teórico comunista e escritor francês, que defendia uma utopia social, cujas bases deveriam repousar sobre o princípio comunista e a onipotência do Estado. Tentou criar uma colônia nos Estados Unidos segundo seu modelo, mas não teve sucesso (NT).

[6] Wilhelm Weitling (1808-1871), político alemão, participou com destaque dos movimentos revolucionários e operários, chegando a propor um sistema comunista cristão, pois via na classe operária um meio privilegiado para a libertação de todos os oprimidos e explorados (NT).

Prefácio da edição polonesa de 1892

O fato de se ter tornado necessária uma nova edição polonesa[1] do Manifesto Comunista dá lugar a diversas considerações.

Em primeiro lugar, deve-se constatar que o Manifesto se tornou, nesses últimos tempos, uma espécie de indicador do desenvolvimento da grande indústria no continente europeu. À medida que esta se expande em determinado país, os operários desse país têm sempre mais a tendência de ver com clareza sua situação, enquanto classe operária, diante das classes possuidoras; o movimento socialista se amplia entre eles e aumenta a procura do Manifesto. Desse modo, segundo o número de exemplares difundidos na língua do país, é possível determinar com bastante precisão não somente o estado do movimento, mas também o grau de evolução da grande indústria nesse país.

A nova edição polonesa do Manifesto é, portanto, uma prova do progresso decisivo da indústria polonesa. Não pode haver nenhuma dúvida de que este progresso teve lugar efetivamente durante os dez anos que decorreram desde que a última edição foi publicada. O reino da Polônia, a Polônia do Congresso[2], se transformou numa

[1] Já haviam aparecido duas edições em língua polonesa: uma publicada em Londres em 1848 e outra em Genebra em 1883 (NT).

[2] Assim era designada a região polonesa, denominada Reino da Polônia, que, por determinação do Congresso de Viena (1814-1815), havia sido anexada à Rússia (NT).

vasta região industrial do Império Russo. Enquanto a grande indústria russa se encontra dispersa em muitos locais – uma parte bem próxima do golfo da Finlândia, outra na região central (Moscou e Vladímir), uma terceira nas costas do mar Negro e do mar de Azov, etc. – a indústria polonesa está concentrada num espaço relativamente reduzido e desfruta tanto as vantagens como os inconvenientes dessa concentração. As vantagens foram reconhecidas pelos fabricantes concorrentes da Rússia quando, apesar de seu ardente desejo de russificar todos os poloneses, reclamaram a instituição de direitos protecionistas contra a Polônia. Quanto aos inconvenientes – que afetam tanto os fabricantes poloneses como o governo russo – estes se manifestam na rápida difusão das ideias socialistas entre os operários poloneses e na crescente procura do *Manifesto*.

Entretanto, esse rápido desenvolvimento da indústria polonesa, que superou aquele da indústria russa, oferece por sua vez uma nova prova da vitalidade inesgotável do povo polonês e constitui uma nova garantia de seu iminente restabelecimento nacional. Ora, a restauração de uma Polônia forte e independente interessa a todos nós e não somente aos poloneses. Uma sincera cooperação internacional entre as nações europeias só é possível se cada uma dessas nações for plenamente autônoma em sua própria casa. A revolução de 1848, durante a qual os combatentes proletários, sob a bandeira do proletariado, tiveram de executar, no final das contas, os interesses da burguesia, realizou a um só tempo, por meio da ingerência de seus executores – Luís Bonaparte e Bismarck[3] – a independência da Itália, da Alemanha e da Hungria.

Com relação à Polônia, que desde 1792 havia feito mais pela revolução que esses três países juntos, no momento em que, em 1863[4], ela sucumbia sob o poderio das forças russas, dez vezes superiores às suas, foi abandonada à sua própria sorte. A nobreza se mostrou impotente para defender e para reconquistar a independência da

[3] Luís Bonaparte ou Napoleão III (1808-1873), presidente da segunda República francesa (1848-1852) e depois imperador dos franceses (1852-1870). Otto von Bismarck (1815-1898), estadista alemão, unificou a Alemanha e foi chanceler do Império alemão de 1871 a 1890 (NT).

[4] Referência à insurreição de libertação nacional polonesa, iniciada em 1863, contra o jugo do Império russo. A Europa pouco se interessou e a sublevação foi esmagada pelos exércitos russos em 1864 (NT).

Polônia; a burguesia se desinteressa atualmente, para não dizer para sempre, dessa independência. Para a cooperação harmoniosa das nações europeias, contudo, ela se impõe imperiosamente. Não pode ser reconquistada senão pelo jovem proletariado polonês e, em suas mãos, estará bem garantida. De fato, para os operários do resto da Europa essa independência é tão necessária quanto para os próprios operários poloneses.

Londres, 10 de fevereiro de 1892
Friedrich Engels

Prefácio da edição italiana de 1893

Ao leitor italiano

Pode-se dizer que a publicação do *Manifesto do Partido Comunista* coincidiu exatamente, com a data do 18 de março de 1848, com as revoluções de Milão e de Berlim, sublevações armadas de duas nações, das quais uma está situada no centro do continente europeu e a outra no centro dos países mediterrâneos; duas nações até então enfraquecidas por seu esfacelamento e pelas dissensões internas, o que as levou a cair sob a dominação estrangeira. Enquanto a Itália estava submetida ao imperador da Áustria, a Alemanha também sofria o jugo, igualmente sensível embora menos direto, do czar de todas as Rússias. As consequências dos acontecimentos de 18 de março de 1848[1] libertaram tanto a Itália como a Alemanha dessa infâmia; se, de 1848 a 1871, essas duas grandes nações foram reconstituídas e conseguiram recobrar, de uma ou de outra maneira, sua independência, isso se deveu, como dizia Karl Marx, ao fato de que os mesmos homens que haviam esmagado a revolução de 1848 se tornaram, malgrado eles mesmos, seus executores testamentários. Por toda parte essa revolução foi obra da classe operária: foi ela que levantou as barricadas e que ofereceu sua vida em sacrifício.

[1] Trata-se de duas revoluções que eclodiram no mesmo dia 18 de março e que tinham por objetivo sacudir o jugo da dominação estrangeira (NT).

Entretanto, somente os operários parisienses, ao derrubar o governo, estavam realmente decididos a derrubar também o regime burguês. Embora tivessem consciência do antagonismo inelutável entre sua própria classe e a burguesia, nem o progresso econômico do país nem a formação intelectual da massa dos operários franceses tinham atingido o grau que teria podido favorecer a transformação social. Em última análise, portanto, os frutos da revolução foram colhidos pela classe capitalista. Nos outros países – Itália, Alemanha, Áustria – os operários, desde o começo, nada mais fizeram que ajudar a burguesia a chegar ao poder. Mas não há um único país em que a dominação da burguesia seja possível sem a independência nacional. Por isso a revolução de 1848 devia desembocar na unidade e na autonomia das nações que até então estavam privadas delas: a Itália, a Alemanha, a Hungria. Agora é a vez da Polônia.

Assim, se a revolução de 1848 não foi uma revolução socialista, pelo menos abriu o caminho, preparou o terreno para ela. O regime burguês, que suscitou em todos os países o impulso da grande indústria, tem criado ao mesmo tempo por toda parte, nos últimos quarenta e cinco anos, um proletariado numeroso, concentrado e forte; criou assim, como diz o *Manifesto*, seus próprios coveiros. Sem a autonomia e a unidade restituídas a cada nação, é impossível realizar tanto a união internacional do proletariado como uma cooperação pacífica e inteligente dessas nações para atingir objetivos comuns. Imaginem uma ação comum internacional dos operários italianos, húngaros, alemães, poloneses e russos nas condições políticas anteriores a 1848!

As batalhas de 1848 não foram, portanto, travadas em vão. De igual modo, os quarenta e cinco anos que nos separam desse período revolucionário. Seus frutos começam a amadurecer e eu gostaria somente que o aparecimento desta tradução italiana fosse um ótimo sinal, sinal precursor da vitória do proletariado italiano como o aparecimento do original foi o precursor da revolução internacional.

O *Manifesto* rende plena justiça ao papel revolucionário que o capitalismo desempenhou no passado. A Itália foi a primeira nação capitalista. O fim da Idade Média feudal, o início da era capitalista moderna encontram sua expressão numa figura colossal.

É o italiano Dante[2], o último poeta da Idade Média e ao mesmo tempo o primeiro poeta dos tempos modernos. Hoje, como em 1300, uma nova era histórica se abre. Haverá a Itália de nos dar um novo Dante que irá perpetuar a eclosão dessa nova era, a era proletária?

Londres, 1º. de fevereiro de 1893
Friedrich Engels

[2] Dante Alighieri (1265-1321), poeta, escritor e filósofo italiano, sempre lembrado por sua obra máxima, A Divina Comédia; dentre as demais obras de sua autoria, já foram publicadas nesta coleção da Editora Escala *Monarquia* e *Banquete* (NT).

Manifesto do Partido Comunista

Um espectro ronda a Europa: o espectro do comunismo. Todas as potências da velha Europa se aliaram numa santa aliança para perseguir esse espectro: o papa e o czar, Metternich e Guizot[1], os radicais franceses e os policiais alemães.

Qual o partido de oposição que não foi acusado de comunismo por seus adversários no poder? Que partido de oposição, por sua vez, que não lançou contra seus adversários de direita ou de esquerda o epíteto infamante de comunista?

Desse fato decorrem duas conclusões:

– O comunismo já é reconhecido como uma força por todas as potências da Europa.

– Já é tempo de os comunistas exporem ao mundo inteiro seus conceitos, seus objetivos e suas tendências e de oporem à lenda do espectro do comunismo um Manifesto do próprio partido.

Foi com esta finalidade que comunistas de diversas nacionalidades se reuniram em Londres e redigiram o *Manifesto* apresentado a seguir[2], o qual será publicado em inglês, francês, alemão, italiano, flamengo e dinamarquês.

1 O papa nessa época era Pio IX (1792-1878) que governou a Igreja de 1846 a 1878; o czar da Rússia era Nicolau I (1796-1855) que governou desde 1825 até a morte; Klemens von Metternich (1773-1859), estadista austríaco, foi chanceler do Império Austro-Húngaro de 1821 a 1848; François Guizot (1787-1874), historiador e estadista francês, foi primeiro-ministro do reino da França de 1840 a 1848 (NT).

2 O Manifesto do Partido Comunista foi redigido por Karl Marx e Friedrich Engels em 1848 por incumbência do II Congresso do movimento operário, realizado em Londres de 29 de novembro a 8 de dezembro de 1847 (NT).

I – Burgueses e proletários[1]

A história de todas as sociedades até nossos dias[2] é a história de lutas de classes.

Homem livre e escravo, patrício e plebeu, barão e servo, mestre[3] e companheiro, numa palavra, opressores e oprimidos, sempre estiveram em constante oposição uns aos outros, travaram uma

[1] Por burguesia entende-se a classe dos capitalistas modernos, proprietários dos meios de produção social e que empregam trabalho assalariado. Por proletariado entende-se a classe dos trabalhadores assalariados modernos que, não tendo meios próprios de produção, são obrigados a vender sua força de trabalho para sobreviver (*Nota de Engels à edição inglesa de 1888*).

[2] Mais exatamente, toda a história escrita. Em 1847, a pré-história da sociedade, a organização social anterior à história escrita era quase desconhecida. Mais tarde, Haxthausen descobriu na Rússia a propriedade comum da terra. Maurer demonstrou que ela é o princípio social do qual procedem historicamente todas as tribos alemãs e aos poucos se verificou que a comunidade rural, com a posse coletiva da terra, foi a forma primitiva da sociedade, da Índia à Irlanda. Finalmente, a organização interna dessa sociedade primitiva comunista foi, em sua forma típica, posta às claras por Morgan, cuja descoberta decisiva revelou a verdadeira natureza da *gens* e sua posição na tribo. Com a dissolução dessas comunidades primitivas, começa a divisão da sociedade em classes distintas e finalmente antagônicas. Tentei seguir esse processo de dissolução em *Der Ursprung der Familie, des Privateigentums und des Staats (A Origem da Família, da Propriedade Privada e do Estado), 2ª. edição, Stuttgart, 1886 (Nota de Engels à edição inglesa de 1888*).

[3] *Zunftbürger* (*Guild-master*): isto é, membro de uma corporação com todos os direitos, mestre numa corporação e não seu dirigente (*Nota de Engels à edição inglesa de 1888*).

batalha ininterrupta, ora aberta, ora dissimulada, uma luta que terminava sempre com uma transformação revolucionária de toda a sociedade ou com a destruição das duas classes em luta.

Nas primeiras épocas da história encontramos quase por toda parte uma organização completa da sociedade em classes distintas, uma hierarquia variada de condições sociais. Na Roma antiga encontramos patrícios, cavaleiros, plebeus, escravos; na Idade Média, senhores feudais, vassalos, mestres de corporação, companheiros, servos e, ainda, em cada uma dessas classes, uma hierarquia peculiar.

A sociedade burguesa moderna, surgida das ruínas da sociedade feudal, não aboliu os antagonismos de classes. Nada mais fez que substituir as antigas por novas classes, por novas condições de opressão, por novas formas de luta.

Entretanto, nossa época, a época da burguesia, se distingue por ter simplificado os antagonismos de classes. A sociedade se divide cada vez mais em dois grandes campos inimigos, em duas grandes classes que diametralmente opostas: a burguesia e o proletariado.

Dos servos da Idade Média nasceram os pequenos burgueses das primeiras cidades; dessa população dos municípios surgiram os primeiros elementos da burguesia.

A descoberta da América, a circunavegação da África abriram um novo campo de ação à burguesia nascente. Os mercados das Índias orientais e da China, a colonização da América, o comércio com as colônias, a multiplicação dos meios de troca e, em geral, das mercadorias deram ao comércio, à navegação, à indústria, um impulso até então desconhecido e, em consequência, favoreceram um rápido desenvolvimento do elemento revolucionário na sociedade feudal em decomposição.

O antigo modo de exploração feudal ou corporativo da indústria não conseguia mais atender às necessidades que aumentavam sem cessar à medida que novos mercados se abriam. A manufatura tomou seu lugar. A pequena burguesia industrial suplantou os mestres artesãos; a divisão do trabalho entre as diferentes corporações cedeu o lugar à divisão do trabalho dentro de cada oficina.

Mas os mercados continuavam a crescer incessantemente e a demanda também seguia crescendo. A manufatura, por sua vez, se tornou insuficiente. Então o vapor e a máquina revolucionaram a produção industrial. A grande indústria moderna destronou a manufatura; a média burguesia industrial cedeu o lugar aos milionários da indústria, aos chefes de verdadeiros exércitos industriais, aos burgueses modernos.

A grande indústria criou o mercado mundial que a descoberta da América havia preparado. O mercado mundial acelerou prodigiosamente o desenvolvimento do comércio, da navegação, das vias de comunicação terrestres. Esse desenvolvimento reagiu, por sua vez, sobre a extensão da indústria; e na mesma medida em que a indústria, o comércio, a navegação, as ferrovias se desenvolviam, a burguesia também crescia, aumentando seus capitais e colocando em segundo plano todas as classes legadas pela Idade Média.

Vemos, portanto, que a própria burguesia moderna é o produto de um longo processo de desenvolvimento, de uma série de revoluções nos modos de produção e de troca.

A cada uma dessas etapas da evolução que a burguesia percorria correspondia um progresso político. Classe oprimida pelo despotismo feudal, associação armada que se administrava a si mesma na comuna[4], aqui república urbana independente[5], acolá terceiro estado tributário da monarquia[6], depois, durante o

[4] Eram denominadas "comunas" na França as cidades, antes mesmo de terem arrancado dos senhores feudais sua autonomia urbana e seus direitos políticos, como "terceiro Estado". Em geral citamos aqui a Inglaterra como exemplo típico do desenvolvimento econômico da burguesia e a França como exemplo típico de seu desenvolvimento político (*Nota de Engels à edição inglesa de 1888*).

[5] Esse era o designativo conferido pelos habitantes das cidades da Itália e da França às suas comunidades urbanas, depois de terem comprado ou arrancado de seus senhores feudais os primeiros direitos de autoadministração (*Nota de Engels à edição alemã de 1890*)

[6] Na edição inglesa de 1888, Engels acrescentou aqui as palavras "como na França"; na mesma edição, depois da expressão "república urbana independente", acrescentou "como na Itália e na Alemanha" (NT).

período manufatureiro, contrapeso da nobreza na monarquia feudal ou absoluta, pedra angular das grandes monarquias, a burguesia, desde o estabelecimento da grande indústria e do mercado mundial, finalmente se apoderou da soberania política exclusiva no Estado representativo moderno. O governo moderno nada mais é que um comitê que administra os negócios comuns de toda a classe burguesa.

A burguesia desempenhou na história um papel eminentemente revolucionário.

Onde quer que tenha conquistado o poder, a burguesia destruiu todas as relações feudais, patriarcais, idílicas. Dilacerou sem piedade todos os complexos e variados laços que uniam o homem feudal a seus superiores naturais para não deixar subsistir, entre homem e homem, outro vínculo senão o frio interesse, as duras exigências do "pagamento em dinheiro". Afogou os sagrados frêmitos do êxtase religioso, do entusiasmo cavaleiresco, do sentimento pequeno-burguês nas águas geladas do cálculo egoísta. Fez da dignidade pessoal um simples valor de troca e, no lugar das inúmeras liberdades tão duramente conquistadas, implantou a única e implacável liberdade de comércio. Numa palavra, em lugar da exploração que as ilusões políticas e religiosas mascaravam, implantou uma exploração aberta, despudorada, direta e brutal.

A burguesia despojou de sua auréola todas as atividades até então consideradas veneráveis e dignas de santo respeito. Transformou em seus trabalhadores assalariados o médico, o jurista, o padre, o poeta, o homem de ciência.

A burguesia rasgou o véu de sentimentalismo que envolvia as relações familiares e as reduziu a simples relações monetárias.

A burguesia revelou como a brutal manifestação da força, que a reação tanto admira na Idade Média, encontrou seu complemento natural na mais crassa indolência. Foi ela que por primeiro demonstrou o de que é capaz a atividade humana. Criou maravilhas que nada têm a ver com as pirâmides do Egito, com os aquedutos romanos e com as catedrais góticas; realizou expedições bem diversas das invasões e das cruzadas.

A burguesia não pode existir sem revolucionar continuamente os instrumentos de produção, por conseguinte, as relações de produção, isto é, o conjunto das relações sociais. A conservação inalterada do antigo modo de produção era, pelo contrário, para todas as classes industriais anteriores, a condição primeira de sua existência. Essa revolução contínua da produção, esse constante abalo de todo o sistema social, essa agitação e essa insegurança perpétuas distinguem a época burguesa de todas as precedentes. Todas as relações sociais fixas e enferrujadas, com seu cortejo de noções e ideias antigas e veneráveis, se dissolvem; aquelas que as substituem envelhecem antes mesmo de se consolidarem. Tudo o que possuía solidez e estabilidade se volatiliza, tudo o que era sagrado é profanado, e os homens são finalmente obrigados a encarar com olhar mais lúcido suas condições de existência e suas relações recíprocas.

Impelida pela necessidade de mercados sempre novos, a burguesia invade todo o globo terrestre. Necessita instalar-se em toda parte, explorar em toda parte, estabelecer relações em toda parte.

Por meio da exploração do mercado mundial, a burguesia confere um caráter cosmopolita à produção e ao consumo de todos os países. Para grande desespero dos reacionários, ela tirou da indústria sua base nacional. As antigas indústrias nacionais foram destruídas e continuam sendo aniquiladas a cada dia. São suplantadas por novas indústrias, cuja introdução se torna uma questão de vida ou morte para todas as nações civilizadas, indústrias que não empregam mais matérias-primas locais, mas matérias-primas provenientes das mais remotas regiões, e cujos produtos são consumidos não somente no próprio país, mas em todas as partes do mundo. Em lugar das velhas necessidades, satisfeitas pelos produtos nacionais, surgem necessidades novas que exigem, para serem satisfeitas, os produtos das regiões e dos climas mais distantes. Em lugar do antigo isolamento e da autossuficiência local e nacional, se desenvolvem relações universais, uma interdependência universal das nações. E o que é verdade na produção material não o é menos na produção intelectual. Os produtos intelectuais de uma nação se tornam propriedade comum de todas. A unilateralidade e o exclusivismo nacionais se tornam cada vez mais impossíveis; e da multiplicidade das literaturas nacionais e locais surge uma literatura mundial.

Com o rápido aperfeiçoamento dos instrumentos de produção e o infinito melhoramento dos meios de comunicação, a burguesia arrasta para a corrente da civilização até mesmo as nações mais bárbaras. Os preços baixos de seus produtos são a artilharia pesada com que derruba todas as muralhas da China e força à capitulação os bárbaros mais obstinadamente hostis aos estrangeiros. Obriga todas as nações a adotar, sob pena de extinção, o modo de produção da burguesia; obriga-as a introduzir a pretensa civilização, isto é, a se tornarem burguesas. Numa palavra, ela cria para si um mundo à sua própria imagem.

A burguesia submeteu a zona rural à cidade. Criou cidades enormes, aumentou prodigiosamente a população urbana em relação à rural e, desse modo, arrancou uma parte considerável da população do embrutecimento da vida rural. Assim como submeteu a área rural à cidade, os países bárbaros ou semibárbaros aos países civilizados, subordinou também os povos camponeses aos povos burgueses, o Oriente ao Ocidente.

A burguesia suprime cada vez mais a dispersão dos meios de produção, da propriedade e da população. Ela aglomerou a população, centralizou os meios de produção e concentrou a propriedade em poucas mãos. A consequência fatal dessas mudanças foi a centralização política. Províncias independentes, ligadas entre si quase somente por vínculos federativos, com interesses, leis, governos e tarifas aduaneiras diferentes, foram reunidas numa única nação, com um só governo, uma só legislação, um só interesse nacional de classe, sob uma só barreira alfandegária.

A burguesia, no curso de uma dominação de classe de apenas um século, criou forças produtivas mais numerosas e mais colossais que todas as gerações passadas juntas. A subjugação das forças da natureza, as máquinas, a aplicação da química à indústria e à agricultura, a navegação a vapor, as ferrovias, os telégrafos elétricos, o desmatamento de continentes inteiros, a navegabilidade dos rios, populações inteiras brotadas como por encanto – que século anterior poderia suspeitar que semelhantes forças produtivas estavam adormecidas no seio do trabalho social?

Aí está, portanto, o que vimos: os meios de produção e de troca, à base dos quais se edificou a burguesia, foram criados no interior da sociedade feudal. Num certo estágio de desenvolvimento desses meios de produção e de troca, as condições nas quais a sociedade feudal produzia e trocava, a organização feudal da agricultura e da manufatura – numa palavra, o regime feudal de propriedade – deixaram de corresponder às forças produtivas em pleno desenvolvimento. Entravavam a produção, em vez de levá-la a progredir. Transformaram-se em outras tantas correntes. Era necessário rompê-las. E foram rompidas.

Em seu lugar foi implantada a livre concorrência com uma constituição social e política adequada, com a supremacia econômica e política da classe burguesa.

Assistimos hoje a um processo análogo. As condições burguesas de produção e de troca, o regime burguês de propriedade, a sociedade burguesa moderna, que fez surgir tão poderosos meios de produção e de troca, se assemelham ao feiticeiro que não consegue mais dominar as potências infernais que evocou. Há algumas décadas que a história da indústria e do comércio não é senão a história da revolta das forças produtivas modernas contra as relações modernas de produção, contra o regime de propriedade que condicionam a existência da burguesia e de sua dominação.

É suficiente mencionar as crises comerciais que, por sua periodicidade, ameaçam cada vez mais a existência de toda a sociedade burguesa. Cada crise destrói regularmente não somente uma grande parte dos produtos fabricados, mas também uma grande parte das forças produtivas já existentes. Nessas crises irrompe uma epidemia social que, em qualquer outra época, teria parecido absurda: a epidemia da superprodução. A sociedade se vê subitamente reconduzida a um estado de barbárie momentânea; parece que uma carestia, uma guerra de extermínio lhe tivessem cortado todos os meios de subsistência; a indústria e o comércio parecem aniquilados. E por quê? Porque a sociedade possui demasiada civilização, demasiados meios de subsistência, demasiada indústria, demasiado comércio. As forças produtivas de que dispõe não favorecem mais a civilização burguesa e o regime da propriedade burguesa; pelo contrário, tornaram-se poderosas demais para esse regime que então passa a ser por elas tolhido; e sempre que as forças produtivas sociais vencem esse obstáculo, lançam na desordem toda a sociedade burguesa e ameaçam a existência da propriedade burguesa. As relações burguesas se tornaram demasiado estreitas para conter a riqueza por elas gerada. E de que modo a burguesia poderá suplantar essas crises? De um lado, destruindo pela violência uma massa de forças produtivas; de outro, conquistando novos mercados e explorando mais intensamente os antigos. Quais são os efeitos disso? A preparação de crises mais gerais e mais poderosas e a diminuição dos meios de preveni-las.

As armas de que se serviu a burguesia para abater o feudalismo agora se voltam contra a própria burguesia.

Mas a burguesia não forjou somente as armas que a levarão à morte; produziu também os homens que vão empunhar essas armas: os operários modernos, os proletários.

Na mesma medida em que a burguesia cresce, isto é, o capital, também se desenvolve o proletariado, a classe dos operários modernos, os quais só vivem enquanto encontram trabalho e só encontram trabalho enquanto seu trabalho aumenta o capital. Esses operários, obrigados a se vender dia por dia, são uma mercadoria, um artigo de comércio como qualquer outro; e, por conseguinte, estão expostos a todas as vicissitudes da concorrência, a todas as flutuações do mercado.

O desenvolvimento das máquinas e a divisão do trabalho, ao levarem o trabalho dos proletários a perder todo o caráter de autonomia, levam também o operário a perder todo atrativo pelo trabalho. Ele se torna um mero acessório da máquina, exigindo-se dele somente a operação mais simples, mais monótona, mais fácil de aprender. Em decorrência, o custo do operário se reduz praticamente ao que lhe custa para se manter e para perpetuar sua descendência. Ora, o preço do trabalho, como aquele de toda mercadoria, é igual a seu custo de produção. Logo, à medida que aumenta o tédio do trabalho, diminui o salário. Mais ainda, a soma do trabalho aumenta com o desenvolvimento da maquinaria e da divisão do trabalho, quer pelo aumento das horas de trabalho, quer pelo acréscimo do trabalho exigido num tempo determinado, pela aceleração do movimento das máquinas, etc.

A indústria moderna transformou a pequena oficina do mestre artesão patriarcal na grande fábrica do capitalista industrial. Massas de operários, comprimidos na fábrica, são organizadas militarmente. Simples soldados da indústria, são colocados sob a vigilância de uma hierarquia completa de suboficiais e de oficiais. Não são apenas servos da classe burguesa, do Estado burguês, mas também, a cada dia, a cada hora, servos da máquina, do contramestre e sobretudo do próprio burguês fabricante. Esse despotismo é tanto mais mesquinho, odioso, exasperador, quanto mais abertamente proclama que o lucro é seu único objetivo.

Quanto menos habilidade e força o trabalho manual exige, isto é, quanto mais a indústria moderna progride, tanto mais o trabalho dos homens é suplantado por aquele das mulheres e das crianças. As diferenças de sexo e de idade não têm mais importância social para a classe operária. Há apenas instrumentos de trabalho, cujo custo varia de acordo com a idade e o sexo.

Logo depois que o operário sofreu a exploração do fabricante e que recebeu seu salário, torna-se presa de outros membros da burguesia: o proprietário do imóvel, o dono do armazém, o agiota, etc.

Pequenos industriais, comerciantes e os que vivem de pequenas rendas, artesãos e camponeses, toda a escala inferior das camadas médias de outrora, caem no proletariado; em parte porque seu pequeno capital não lhes permite realizar os empreendimentos da grande indústria e sucumbem na concorrência com os grandes capitalistas; em parte porque sua habilidade técnica é desvalorizada pelos novos métodos de produção. Desse modo, o proletariado é recrutado em todas as classes da população.

O proletariado passa por diferentes fases de desenvolvimento. Sua luta contra a burguesia começa com sua própria existência.

No começo, somente operários isolados lutam; depois, os operários de uma mesma fábrica; a seguir, os operários de um mesmo ramo da indústria, numa determinada localidade, contra o burguês específico que os explora diretamente. Não dirigem seus ataques somente contra as relações burguesas de produção, mas os dirigem contra os próprios instrumentos de produção; destroem as mercadorias estrangeiras que lhes fazem concorrência, quebram as máquinas, incendeiam as fábricas e se empenham em recuperar a posição perdida do artesão da Idade Média.

Nessa fase, os operários formam uma massa disseminada por todo o país e desgastada pela concorrência. A ação de massa dos operários não é ainda consequência de sua própria união, mas da união da burguesia que, para atingir seus próprios objetivos políticos, tem de pôr em movimento todo o proletariado e que tem ainda provisoriamente o poder de fazê-lo. Durante essa fase, portanto, os proletários não combatem seus inimigos, mas os inimigos de seus inimigos, isto é, os restos da monarquia absoluta, os proprietários de terras, os burgueses não industriais, os pequenos burgueses. Todo o movimento histórico está, portanto, concentrado nas mãos da burguesia; toda vitória conquistada nessas condições é uma vitória da burguesia.

Ora, o desenvolvimento da indústria não multiplica apenas o número dos proletários, mas os concentra em massas sempre maiores, aumentando sua força, e eles tomam consciência disso. Os interesses, as condições de existência no interior do proletariado se igualam cada vez mais, à medida que a máquina elimina todas as diferenças do trabalho e reduz, quase em toda parte, o salário a um nível igualmente baixo. A crescente concorrência dos burgueses entre si e as crises comerciais que disso decorrem tornam os salários dos operários cada vez mais instáveis; o aperfeiçoamento constante e sempre mais rápido da máquina torna a condição do operário sempre mais precária; os choques individuais entre o operário e o burguês assumem cada vez mais o caráter de conflitos entre duas classes. Os operários começam por formar coalizões contra os burgueses para defender seus salários. Chegam até mesmo a constituir associações permanentes para se precaverem em caso de eventuais rebeliões. Aqui e acolá a luta explode em revoltas.

Às vezes os operários triunfam, mas é um triunfo efêmero. O verdadeiro resultado de suas lutas não é o sucesso imediato, mas a união dos operários que cada vez mais se amplia. Essa união é facilitada pelo crescimento dos meios de comunicação que são criados pela grande indústria e que colocam em contato os operários de diferentes localidades. Ora, basta esse contato para centralizar as numerosas lutas locais, que em toda parte se revestem do mesmo caráter, numa luta nacional, numa luta de classes. Mas toda luta de classes é uma luta política e a união, que os burgueses da Idade Média com seus caminhos vicinais levavam séculos para alcançar, os proletários modernos com as ferrovias a realizam em poucos anos.

Essa organização do proletariado em classe e, portanto, em partido político, é incessantemente abalada pela concorrência entre os próprios operários. Mas renasce sempre, cada vez mais forte, mais sólida, mais poderosa. Ela se aproveita das dissensões internas da burguesia para forçá-la a reconhecer, sob forma de lei, certos interesses da classe operária. Foi isso que ocorreu, por exemplo, com a lei das dez horas na Inglaterra[7].

Em geral, os choques que se produzem na velha sociedade favorecem de diversas maneiras o desenvolvimento do proletariado. A burguesia vive num contínuo estado de guerra; primeiramente, contra a aristocracia; depois, contra os setores da própria burguesia cujos

[7] Aprovada pelo parlamento britânico a 8 de junho de 1847, a lei sobre a jornada de trabalho de dez horas representa a primeira tentativa de regulamentar as relações entre patrão e operário no tocante às horas/dia de trabalho, embora essa lei se referisse somente às mulheres e aos adolescentes, sabendo-se que até então o período de trabalho geralmente se estendia de sol a sol, sempre e unicamente a critério do patrão (NT).

interesses entram em conflito com o progresso da indústria e sempre, finalmente, contra a burguesia de todos os países estrangeiros. Em todas essas lutas, ela se vê obrigada a apelar para o proletariado, a recorrer à sua ajuda e, desse modo, a arrastá-lo para o movimento político. A própria burguesia, portanto, fornece ao proletariado os elementos de sua própria educação, isto é, armas contra si mesma.

Além disso, como já vimos, com o progresso da indústria, setores inteiros da classe dominante são lançados no proletariado ou, pelo menos, se veem ameaçados em suas condições de existência. Também esses setores fornecem ao proletariado uma massa de elementos de educação.

Finalmente, no momento em que a luta de classes se aproxima da hora decisiva, o processo de dissolução da classe dominante de toda a velha sociedade adquire um caráter tão violento e tão agudo que uma pequena parte da classe dominante se desliga desta e se junta à classe revolucionária, à classe que traz nas mãos o futuro. Assim como outrora uma parte da nobreza passou para a burguesia, de igual modo em nossos dias uma parte da burguesia passa para o proletariado e, em particular, uma parte dos ideólogos burgueses que conseguiram alcançar uma compreensão teórica do movimento histórico em seu conjunto.

De todas as classes que hoje se opõem à burguesia, somente o proletariado é uma classe verdadeiramente revolucionária. As demais classes entram em declínio e desaparecem com a grande indústria; o proletariado, pelo contrário, é o produto mais característico desta.

As camadas médias, o pequeno industrial, o pequeno comerciante, o artesão, o camponês, todos eles combatem a burguesia para salvar da ruína sua existência como classe média. Não são, portanto, revolucionárias, mas conservadoras. Mais ainda, são reacionárias, pois procuram fazer girar ao inverso a roda da história. Se acaso se tornam revolucionários, é em consequência de sua iminente passagem para o proletariado: defendem então seus interesses futuros e não seus interesses presentes; abandonam seu próprio ponto de vista para adotar aquele do proletariado.

O lumpemproletariado[8], esse produto passivo da putrefação das camadas mais baixas da velha sociedade, pode, aqui e acolá, ser arrastado ao movimento por uma revolução proletária; entretanto, suas condições de vida o predispõem bem mais a se deixar comprar para favorecer manobras reacionárias.

As condições de existência da velha sociedade já estão aniquiladas nas condições de existência do proletariado. O proletário está sem propriedade; suas relações com a mulher e com os filhos nada têm de comum com as relações existentes na família burguesa; o trabalho industrial moderno, a subjugação moderna ao capital, que é idêntica na Inglaterra e na França, na América e na Alemanha, despojam o proletário de todo caráter nacional. As leis, a moral, a religião são a seus olhos outros tantos preconceitos burgueses, atrás dos quais se escondem outros tantos interesses burgueses.

Todas as classes que no passado tomaram o poder procuravam consolidar sua posição adquirida submetendo toda a sociedade às condições que lhes assegurassem seus próprios rendimentos. Os proletários não podem se apoderar das forças produtivas sociais a não ser abolindo o modo de apropriação a elas correspondente e, por conseguinte, todo o modo de apropriação em vigor até nossos dias. Os proletários nada têm de seu a salvaguardar; têm sim para destruir toda garantia privada, toda segurança privada anterior.

Todos os movimentos históricos foram até aqui movimentos de minorias ou no interesse de minorias. O movimento proletário é o movimento espontâneo da imensa maioria no interesse da imensa maioria. O proletariado, a camada mais baixa da sociedade atual, não pode se erguer, se estabelecer, sem fazer saltar pelos ares toda a superestrutura das camadas que constituem a sociedade oficial.

A luta do proletariado contra a burguesia, embora não seja no fundo uma luta nacional, passa a sê-lo em sua forma. O proletariado de cada país deve necessariamente, antes de mais nada, acabar com sua própria burguesia.

[8] Termo marxista que designa o proletariado marginalizado, desprovido de trabalho regular e sem qualquer consciência de classe; o primeiro elemento do vocábulo reproduz a palavra alemã *Lumpen* que significa trapo, farrapo (NT).

Ao traçarmos em grandes linhas as fases do desenvolvimento do proletariado, reproduzimos a história da guerra civil, mais ou menos oculta, que ronda a sociedade atual até o momento em que explode em revolução aberta e em que o proletariado funda sua dominação com a violenta derrubada da burguesia.

Todas as sociedades anteriores, como vimos, repousaram no antagonismo entre classes opressoras e classes oprimidas. Mas, para oprimir uma classe, é necessário pelo menos lhe garantir condições de existência que lhe permitam viver na servidão. O servo, durante o período de plena servidão, conseguiu tornar-se membro de uma comuna, assim como o pequeno burguês conseguiu tornar-se sob o jugo do absolutismo feudal. O operário moderno, ao contrário, em vez de se elevar com o progresso da indústria, desce cada vez mais, decaindo até mesmo abaixo das condições de vida de sua própria classe. O operário se torna um pobre e o pauperismo cresce muito mais rapidamente que a população e a riqueza. Fica, portanto, evidente que a burguesia é incapaz de desempenhar por muito mais tempo seu papel de classe dirigente da sociedade e de impor à sociedade, como lei reguladora, as condições de existência de sua classe. Não pode mais reinar porque ela se mostra incapaz de assegurar a existência de seu escravo no contexto de sua escravidão, porque é obrigada a deixá-lo cair a ponto de dever alimentá-lo, em vez de ser alimentada por ele. A sociedade não pode mais viver sob a dominação da burguesia, o que quer dizer que a existência da burguesia não é mais compatível com a existência da sociedade.

A condição essencial para a existência e para a dominação da classe burguesa é a acumulação da riqueza nas mãos de particulares, a formação e o aumento do capital; a condição da existência do capital é o trabalho assalariado. O trabalho assalariado se baseia exclusivamente na concorrência dos operários entre si. O progresso da indústria, do qual a burguesia é o agente sem vontade própria e sem resistência, substitui o isolamento dos operários, resultante de sua concorrência, por sua união revolucionária, resultante da associação. Assim, o desenvolvimento da grande indústria cava, sob os pés da burguesia, o próprio terreno sobre a qual ela estabeleceu seu sistema de produção e de apropriação. A burguesia produz, antes de tudo, seus próprios coveiros. Seu declínio e a vitória do proletariado são igualmente inevitáveis.

II – Proletários e comunistas

Qual é a posição dos comunistas com relação aos proletários em geral?

Os comunistas não formam um partido à parte, oposto aos outros partidos operários.

Não têm interesses que os separem dos interesses do conjunto do proletariado.

Não estabelecem princípios particulares, segundo os quais gostariam de modelar o movimento proletário.

Os comunistas se distinguem dos outros partidos proletários apenas em dois pontos: 1º. Nas diferentes lutais nacionais dos proletários destacam e fazem prevalecer os interesses independentes da nacionalidade e comuns a todo o proletariado; 2º. Nas diferentes fases por que passa a luta entre proletários e burgueses. Eles sempre representam os interesses do movimento em sua totalidade.

Na prática, os comunistas constituem, portanto, a parte mais resoluta dos partidos operários de todos os países, a parte que estimula todas as demais; na teoria, eles têm sobre o resto do proletariado a vantagem de uma compreensão clara das condições, do andamento e dos objetivos gerais do movimento proletário.

O objetivo imediato dos comunistas é o mesmo que aquele de todos os outros partidos proletários: constituição do proletariado em classe, derrubada da dominação burguesa, conquista do poder político pelo proletariado.

As proposições teóricas dos comunistas não se baseiam de modo algum em ids, em princípios inventados ou descobertos por este ou aquele reformador do mundo.

Elas não passam da expressão geral das condições reais de uma luta de classes existente, de um movimento histórico que se desenrola diante de nossos olhos. A abolição das relações de propriedade que até agora existiram não é a característica distintiva do comunismo.

O regime da propriedade sofreu contínuas mudanças, contínuas transformações históricas.

A Revolução Francesa, por exemplo, aboliu a propriedade feudal em proveito da propriedade burguesa.

O que caracteriza o comunismo não é a abolição da propriedade em geral, mas a abolição da propriedade burguesa.

Ora, a propriedade privada de hoje, a propriedade burguesa, é a última e a mais perfeita expressão do modo de produção e de apropriação baseada em antagonismos de classes, na exploração de uns pelos outros[1].

Neste sentido, os comunistas podem resumir sua teoria nesta fórmula única: abolição da propriedade privada.

[1] Na edição de 1888 esta frase termina assim: "na exploração da maioria pela minoria" (NT).

Nós, comunistas, fomos acusados de querer realmente abolir a propriedade adquirida pessoalmente, fruto do trabalho do indivíduo, propriedade que se diz ser o fundamento de toda liberdade, de toda atividade e de toda independência individual.

Propriedade pessoal, fruto do trabalho e do mérito! Pretende-se falar dessa forma de propriedade anterior à propriedade burguesa, que é a propriedade do pequeno burguês, do pequeno camponês? Não precisamos aboli-la: o desenvolvimento da indústria já a aboliu e continua a aboli-la a cada dia.

Ou se pretende falar da propriedade privada de hoje, da propriedade burguesa?

Mas será que o trabalho assalariado, o trabalho do proletário, cria propriedade para ele? De modo algum. Cria o capital, isto é, a propriedade que explora o trabalho assalariado e que só pode aumentar sob a condição de produzir mais trabalho assalariado para voltar a explorá-lo. Em sua forma atual, a propriedade se move entre esses dois termos antinômicos: capital e trabalho. Vamos examinar os dois termos desta antinomia.

Ser capitalista significa ocupar não somente uma posição puramente pessoal, mas também uma posição social na produção. O capital é um produto coletivo: não pode ser posto em movimento senão pela atividade comum de muitos indivíduos e mesmo, em última análise, pela atividade comum de todos os indivíduos, de toda a sociedade.

O capital não é, portanto, um poder pessoal; é um poder social.

Desse modo, se o capital é transformado em propriedade comum, pertencente a todos os membros da sociedade, não é uma propriedade pessoal que se transforma em propriedade comum. Somente o caráter social da propriedade é que se transforma. Ele perde seu caráter de classe.

Passemos agora ao trabalho assalariado.

O preço médio do trabalhado assalariado é o mínimo do salário, isto é, a soma dos meios de subsistência necessários para manter a vida do operário como operário. Por conseguinte, aquilo de que o operário se apropria por seu trabalho é apenas suficiente para reproduzir sua vida, reduzida à mais simples expressão. De modo algum pretendemos abolir essa apropriação pessoal dos produtos do trabalho, indispensável para a reprodução da vida do dia seguinte, uma vez que essa apropriação não deixa nenhum lucro líquido que confira um poder sobre o trabalho alheio. O que queremos é suprimir o caráter miserável dessa apropriação que faz com que o operário viva unicamente para aumentar o capital e só viva à medida que o exigem os interesses da classe dominante.

Na sociedade burguesa, o trabalho vivo é apenas um meio para aumentar o trabalho acumulado. Na sociedade comunista, o trabalho acumulado é apenas um meio para ampliar, enriquecer e favorecer a existência dos operários.

Na sociedade burguesa, o passado domina, portanto, o presente; na sociedade comunista, é o presente que domina o passado. Na sociedade burguesa, o capital é independente e pessoal, enquanto que o indivíduo que trabalha não tem nem independência nem personalidade.

E é a abolição de semelhante estado de coisas que a burguesia chama de abolição da individualidade e da liberdade! E com razão. Porque se trata efetivamente de abolir a individualidade, a independência, a liberdade burguesas.

Por liberdade, nas condições atuais da produção burguesas, entende-se a liberdade de comércio, a liberdade de comprar e vender.

Mas se as transações desaparecem, as livres transações também desaparecem. De resto, todas as belas palavras sobre a liberdade do comércio, assim como todas as bravatas liberais de nossa burguesia, só têm sentido perante a transação vinculada e perante o burguês oprimido da Idade Média; não têm sentido algum quando se trata da abolição, por parte do comunismo, das transações, do regime burguês de produção e da própria burguesia.

Vocês ficam horrorizados porque queremos abolir a propriedade privada. Mas, em sua sociedade, a propriedade privada já está abolida para nove décimos de seus membros; ela existe para vocês precisamente porque não existe para esses nove décimos. Vocês nos recriminam, portanto, por querermos abolir uma forma de propriedade cuja condição necessária é que a imensa maioria da sociedade não possua qualquer propriedade.

Numa palavra, vocês nos recriminam porque queremos abolir sua propriedade. Na verdade, é exatamente isso que queremos.

Desde o momento em que o trabalho não pode mais ser transformado em capital, em dinheiro, em renda da terra, em resumo, em poder social capaz de ser monopolizado, isto é, desde o momento em que a propriedade individual não pode mais se transformar em propriedade burguesa, vocês afirmam que o indivíduo está abolido.

Devem confessar, portanto, que, ao falar de indivíduo, vocês entendem unicamente o burguês, o proprietário burguês. E esse indivíduo deve, sem dúvida alguma, ser suprimido.

O comunismo não tira de ninguém o poder de se apropriar dos produtos sociais; tira somente o poder de subjugar o trabalho alheio por meio dessa apropriação.

Objeta-se ainda que, com a abolição da propriedade privada, toda a atividade cessaria, que uma preguiça geral se difundiria pelo mundo.

Se assim fosse, a sociedade burguesa teria há muito tempo sucumbido de indolência, pois nessa sociedade aqueles que trabalham não ganham e aqueles que ganham não trabalham. Toda a objeção se reduz a essa tautologia: não haverá mais trabalho assalariado a partir do momento em que não houver mais capital.

Todas as acusações feitas contra o modo comunista de produção e de apropriação dos produtos materiais foram feitas igualmente contra a produção e a apropriação das obras intelectuais. Assim como, para o burguês, o desaparecimento da propriedade de classe equivale ao desaparecimento de toda produção, assim também o desaparecimento da cultura de classe significa, para ele, o desaparecimento da cultura em geral.

A cultura, cuja perda o burguês lamenta, para a imensa maioria não passa de um adestramento para atuar como máquina.

Mas é inútil discutir conosco se for para aplicar à abolição da propriedade burguesa o padrão das noções burguesas que vocês têm de liberdade, de cultura, de direito, etc. Suas próprias ideias são produto do regime burguês de produção e de propriedade, assim como seu direito não passa da vontade de sua classe erigida em lei, vontade cujo conteúdo é determinado pelas condições materiais de existência de sua classe.

A concepção interesseira que os leva a erigir em leis eternas da natureza e da razão suas relações de produção e de propriedade – relações transitórias que o curso da produção faz desaparecer – essa concepção vocês a compartilham com todas as classes dominantes já desaparecidas. O que admitem para a propriedade antiga, o que admitem para a propriedade feudal, vocês não podem mais admiti-lo para a propriedade burguesa.

Abolição da família! Até os mais radicais ficam indignados com esse infame propósito dos comunistas.

Sobre que base repousa a família atual, a família burguesa? Sobre o capital, sobre o lucro individual. Em sua plenitude, a família só existe para a burguesia; mas ela tem, como corolário, a supressão forçada de toda família e a prostituição pública.

A família burguesa se desfaz com a eliminação de seu corolário e ambos desaparecem com o desaparecimento do capital.

Vocês nos recriminam por querermos abolir a exploração das crianças por seus próprios pais? Esse crime, nós o confessamos.

Mas, vocês dizem, nós despedaçamos os laços mais íntimos ao substituir a educação da família pela educação ministrada pela sociedade.

E sua educação, não é ela também determinada pela sociedade? Não é determinada pelas condições sociais em que vocês educam seus filhos, pela ingerência direta ou não da sociedade, por meio da escola, etc.? Os comunistas não inventam a influência da sociedade sobre a educação; mudam somente seu caráter e arrancam a educação da influência da classe dominante.

Os discursos burgueses sobre a família e a educação, sobre os laços afetivos que unem os filhos a seus pais, tornam-se tanto mais repugnantes quanto mais a grande indústria destrói todos os laços familiares dos proletários e transforma seus filhos em simples artigos de comércio, em simples instrumentos de trabalho.

Mas a burguesia inteira se volta contra nós e grita em coro: "Vocês, comunistas, querem introduzir a comunidade das mulheres!"

Para o burguês, sua mulher não passa de um mero instrumento de produção. Ouve dizer que os instrumentos de produção devem ser explorados em comum e conclui naturalmente que o mesmo uso comum deverá atingir também as mulheres.

Não suspeita que se trata precisamente de arrancar a mulher de sua função atual de simples instrumento de produção.

De resto, não há nada mais ridículo que o horror ultramoralista que nossos burgueses sentem pela pretensa comunidade oficial das mulheres entre os comunistas. Os comunistas não precisam introduzir a comunidade das mulheres; ela quase sempre existiu.

Nossos burgueses, não contentes em ter à sua disposição as mulheres e as filhas de seus proletários, para não falar da prostituição oficial, têm o maior prazer em seduzir as esposas uns dos outros.

O casamento burguês é, na realidade, a comunidade das mulheres casadas. Quando muito se poderia acusar os comunistas de pretenderem substituir uma comunidade de mulheres hipocritamente dissimulada por uma comunidade franca e oficial. De resto, é evidente que com a abolição do regime atual de produção desaparecerá também a comunidade das mulheres que dele decorre, ou seja, a prostituição oficial e não-oficial.

Além disso, os comunistas foram acusados de querer abolir a pátria, a nacionalidade.

Os operários não têm pátria. Não se pode tirar deles o que não têm. Como o proletariado de cada país deve em primeiro lugar conquistar o poder político, erigir-se em classe nacional, tornar-se ele próprio nação, com isso ele é ainda nacional, embora de forma alguma no sentido burguês do termo.

Os limites nacionais e os antagonismos entre os povos desaparecem cada vez mais com o desenvolvimento da burguesia, com a liberdade do comércio, com o mercado mundial, com a uniformidade da produção industrial e com as condições de existência que deles decorrem.

A dominação do proletariado fará com desapareçam mais ainda. A ação comum, pelo menos nos países civilizados, é uma das primeiras condições de sua emancipação.

À medida que se procede à abolição do homem pelo homem, procede-se igualmente à abolição da exploração de uma nação por outra.

No dia em que desaparecer o antagonismo das classes no interior da nação, desaparece igualmente a hostilidade das nações entre si.

Quanto às acusações feitas geralmente contra o comunismo, do ponto de vista religioso, filosófico e ideológico, não merecem um exame mais aprofundado.

Será necessária uma grande perspicácia para compreender que as ideias, os conceitos e as noções dos homens, numa palavra, sua consciência, se modificam com toda modificação sobrevinda em suas condições de vida, em suas relações sociais, em sua existência social?

O que demonstra a história das ideias senão que a produção intelectual se transforma com a produção material? As ideias dominantes de uma época sempre foram apenas as ideias da classe dominante.

Fala-se de ideias que revolucionam uma sociedade inteira; com isso se enuncia somente o fato de que, no seio da velha sociedade, se formaram os elementos de uma sociedade nova e que a dissolução das velhas ideias caminha junto com a dissolução das velhas condições de existência.

Quando o mundo antigo estava em declínio, as velhas religiões foram vencidas pela religião cristã. Quando no século XVIII as ideias cristãs cederam diante das ideias de progresso, a sociedade feudal combatia sua última batalha contra a burguesia, então revolucionária. As ideias de liberdade de consciência, de liberdade de religião proclamam apenas o domínio da livre concorrência no campo do saber.

"Sem dúvida – se poderá dizer – as ideias religiosas, morais, filosóficas, políticas, jurídicas, etc. se modificaram no curso do desenvolvimento histórico. A religião, a moral, a filosofia, a política, o direito sempre se mantinham mesmo com essas transformações."

"Além disso, há verdades eternas, como liberdade, justiça, etc. que são comuns a todas as camadas sociais. Ora, o comunismo abole as verdades eternas, abole a religião e a moral em vez de renovar sua forma; logo, contradiz todo o desenvolvimento histórico anterior."

A que se reduz esta acusação? A história de toda a sociedade até nossos dias foi feita de antagonismos de classes que, segundo as épocas, assumiram formas diferentes.

Mas, qualquer que tenha sido a forma assumida por esses antagonismos, a exploração de uma parte da sociedade pela outra é um fato comum a todos os séculos passados. Não é de espantar, portanto, se a consciência social de todos os séculos, a despeito de toda a sua variedade e diversidade, se tenha movido sempre dentro de certas formas comuns – formas de consciência que só vão se dissolver completamente com o total desaparecimento do antagonismo das classes.

A revolução comunista é a ruptura mais radical com o regime tradicional de propriedade; não é de surpreender se, no curso de seu desenvolvimento, ela rompa da maneira mais radical com as ideias tradicionais.

Deixemos de lado, contudo, as objeções feitas pela burguesia ao comunismo.

Já antes vimos que a primeira etapa na revolução operária é a constituição do proletariado em classe dominante, a conquista da democracia.

O proletariado usará sua supremacia política para arrancar pouco a pouco todo o capital à burguesia, a fim de centralizar todos os instrumentos de produção nas mãos do Estado, isto é, do proletariado organizado em classe dominante e a fim de aumentar o mais rapidamente possível a massa das forças produtivas.

Isso naturalmente só poderá ser feito, no início, por meio de uma violação despótica do direito de propriedade e do regime burguês de produção, isto é, por meio de medidas que economicamente parecem insuficientes e insustentáveis, mas que, no curso do movimento, ultrapassam a si mesmas e são indispensáveis como meio de revolucionar todo o modo de produção.

Essas medidas, evidentemente, serão bem diferentes em cada um dos diversos países.

Entretanto, para os países mais adiantados, as medidas seguintes poderão geralmente ser aplicadas:

1. Expropriação da propriedade fundiária e emprego do rendimento das terras nas despesas do Estado.

2. Imposto pesado progressivo.

3. Abolição do direito de herança.

4. Confisco dos bens de todos os emigrados e rebeldes.

5. Centralização do crédito nas mãos do Estado por meio de um banco nacional com capital de Estado e monopólio exclusivo.

6. Centralização de todos os meios de transporte nas mãos do Estado.

7. Multiplicação das fábricas nacionais e dos instrumentos de produção; cultivo das terras incultas e melhoramento das terras cultivadas de acordo com um plano comum.

8. Trabalho obrigatório para todos; organização de exércitos industriais, particularmente para a agricultura.

9. Combinação do trabalho agrícola e do trabalho industrial; medidas tendentes a eliminar gradualmente o antagonismo entre cidade e campo.

10. Educação pública e gratuita de todas as crianças. Abolição do trabalho infantil nas fábricas, tal como hoje ainda se pratica. Combinação da educação com a produção material, etc.

Uma vez que os antagonismos de classes tenham desaparecido no curso do desenvolvimento e que toda a produção se tenha concentrado nas mãos dos indivíduos associados, o poder público perde seu caráter político. O poder político propriamente dito é o poder organizado de uma classe para a opressão de outra. Se o proletariado, em sua luta contra a burguesia, se constituir necessariamente em classe, se se erigir por meio de uma revolução em classe dominante e, como classe dominante, destruir pela violência o antigo regime de produção, então destrói, juntamente com esse regime de produção, as condições do antagonismo das classes, destrói as classes em geral e, com isso, sua própria dominação como classe.

Em lugar da antiga sociedade burguesa, com suas classes e seus antagonismos de classes, surge uma associação em que o livre desenvolvimento de cada um é a condição para o livre desenvolvimento de todos.

III – Literatura socialista e comunista

1. O Socialismo reacionário

A) O Socialismo feudal

Por sua posição histórica, as aristocracias francesa e inglesa estavam chamadas a escrever panfletos contra a sociedade burguesa moderna. Na revolução francesa de julho de 1830[1], no movimento inglês pela reforma[2], elas haviam sucumbido uma vez mais sob os golpes dessa odiosa arrivista. Para elas, não podia mais tratar-se de uma luta política séria. Só lhes restava a luta literária. Ora, mesmo no campo literário, a velha fraseologia da Restauração[3] se havia tornado impossível. Para suscitar simpatias, era necessário que a

[1] Insurreição desencadeada no dia 27 de julho de 1830, pondo fim à restauração do reinado na França após o período napoleônico (1799-1815); a revolução durou três dias e se propunha instalar a república, mas uma reviravolta dos fatos restaurou o reinado (NT).

[2] Trata-se do movimento pela reforma eleitoral adotada pela Câmara dos Comuns em 1831 e ratificada pela Câmara dos Lordes em 1832. A reforma se voltava contra o domínio da aristocracia, promovida pelo proletariado e pela pequena burguesia, mas a burguesia liberal solapou o movimento e a reforma se tornou ineficiente (NT).

[3] Não se trata da Restauração Inglesa (1660-1689), mas da Restauração Francesa de 1814 a 1830 (*Nota de Engels*).

aristocracia aparentasse perder de vista seus próprios interesses e formulasse seu ato de acusa contra a burguesia unicamente no interesse da classe operária explorada. Entregou-se assim à satisfação de compor canções injuriosas sobre seu novo senhor e ousar sussurrar-lhe ao ouvido profecias de maus agouros.

Dessa maneira surgiu o socialismo feudal em que se mesclavam lamentações e ridicularizações, ecos do passado e roncos surdos do futuro. Se por vezes sua crítica amarga, mordaz e espirituosa feria a burguesia no coração, sua incapacidade absoluta de compreender a marcha da história modera sempre produzia um efeito cômico.

Como bandeira, esses senhores desfraldavam a sacola do mendigo, a fim de atrair a eles o povo; mas sempre que o povo acorria, acabou percebendo que o reverso da bandeira estava ornado com os velhos brasões feudais e se dispersava com sonoras e irreverentes gargalhadas.

Uma parte dos legitimistas franceses[4] e a *Jovem Inglaterra*[5] deram ao mundo esse espetáculo.

Quando os campeões do feudalismo demonstram que o modo de exploração feudal era bem outro que o da burguesia, esquecem apenas uma coisa: que o feudalismo explorava em circunstâncias e condições totalmente diferentes, hoje já ultrapassadas. Quando demonstram que, sob o regime feudal, o proletariado moderno não existia, esquecem apenas que a burguesia surgiu precisamente de sua organização social.

Além disso, disfarçam tão mal o caráter reacionário de sua crítica que sua principal acusação contra a burguesia é afirmar que, sob seu regime, assegura o desenvolvimento de uma classe que fará saltar pelos ares toda a antiga organização social.

[4] Eram chamados legitimistas os partidários da restauração da dinastia dos Bourbons, derrubada em 1830 e substituída pela dinastia então reinante dos Orléans; esta se apoiava na aristocracia financeira e na grande burguesia, enquanto aquela representava os interesses dos grandes proprietários de latifúndios hereditários (NT).

[5] Assim era denominado um grupo de políticos e literatos de meados do século XIX que lutava abertamente contra a grande burguesia (NT).

O que mais recriminam à burguesia é o fato de ter produzido um proletariado revolucionário e não o de ter criado o proletariado em geral.

Por isso na luta política tomam parte ativa em todas as medidas de violência contra a classe operária. E, em sua vida cotidiana, a despeito de sua fraseologia pomposa, se acomodam em colher as maçãs de ouro[6] e em trocar a lealdade, o amor e a honra pelo comércio da lã, da beterraba e da aguardente[7].

Assim como o padre e o senhor feudal andaram sempre de mãos dadas, assim também o socialismo clerical caminha lado a lado com o socialismo feudal.

Nada mais fácil do que dar um verniz de socialismo ao ascetismo cristão. O cristianismo não se levantou também ele contra a propriedade privada, contra o casamento, contra o Estado? No lugar deles, não pregou a caridade e a pobreza, o celibato e a mortificação da carne, a vida monástica e a Igreja? O socialismo cristão não passa de água benta com que o padre consagra o despeito do aristocrata.

B) O Socialismo pequeno-burguês

A aristocracia feudal não é a única classe arruinada pela burguesia e cujas condições de existência se atrofiam e se extinguem na sociedade burguesa moderna. Os pequenos burgueses e os pequenos camponeses da Idade Média eram os precursores da burguesia moderna. Nos países

[6] Na edição inglesa de 1888 se lê "as maçãs de ouro caídas da árvore da indústria" (NT).

[7] Isso se aplica principalmente à Alemanha, onde a aristocracia latifundiária e os junkers exploram a maior parte de suas terras por conta própria, sob sua própria administração, e são grandes produtores de beterraba e de álcool extraído da batata. Os aristocratas ingleses, mais ricos, não chegaram a tanto, mas sabem muito bem como compensar a queda dos rendimentos, emprestando seus nomes a sociedades anônimas mais ou menos duvidosas (*Nota de Engels à edição inglesa de 1888*).

em que a indústria e o comércio são menos desenvolvidos, esta classe continua a vegetar ao lado da burguesia florescente.

Nos países em que a civilização moderna se desenvolveu, formou-se uma nova classe de pequenos burgueses que oscila entre o proletariado e a burguesia; fração complementar da sociedade burguesa, ela se reconstitui sem cessar; mas, como consequência da concorrência, os indivíduos que a compõem são incessantemente precipitados no proletariado e, mais ainda, com o desenvolvimento progressivo da grande indústria, veem aproximar-se a hora em que desaparecerão totalmente como parte autônoma da sociedade moderna e serão substituídos no comércio, na manufatura e na agricultura por capatazes e empregados.

Em países como a França, onde os camponeses constituem bem mais da metade da população, era natural que escritores que apoiavam e defendiam o proletariado contra a burguesia usassem em sua crítica do regime burguês critérios pequeno-burgueses e camponeses e tomassem o partido pelos operários do ponto de vista da pequena burguesia. Assim se formou o socialismo pequeno-burguês. Sismondi[8] é o chefe dessa literatura, não só na França, mas também na Inglaterra.

Esse socialismo analisou com muita sagacidade as contradições inerentes ao regime da produção moderna. Pôs a descoberto as hipócritas apologias dos economistas. Demonstrou de uma forma irrefutável os efeitos destruidores da maquinaria e da divisão do trabalho, a concentração dos capitais e da propriedade fundiária, a superprodução, as crises, a inevitável ruína dos pequenos burgueses e dos camponeses, a miséria do proletariado, a anarquia na produção, a gritante desproporção na distribuição das riquezas, a guerra industrial de extermínio entre as nações, a dissolução dos velhos costumes, das antigas relações familiares, das antigas nacionalidades.

A julgar, contudo, por seu conteúdo positivo, esse socialismo pretende restabelecer os antigos meios de produção e de intercâmbio e, com eles, o antigo regime de propriedade e toda a antiga sociedade

[8] Jean Charles Léonard Sismondi (1773-1842), historiador e economista suíço; suas principais obras que, aliás, exerceram forte influência em Marx, são: *Riqueza comercial, Novos princípios de economia política, Estudos de economia política* (NT).

ou pretende aprisionar à força os meios modernos de produção e de intercâmbio no quadro restrito do antigo regime de propriedade que foi destruído, e fatalmente destruído, por eles. Em ambos os casos, esse socialismo é ao mesmo tempo reacionário e utópico.

Para a manufatura, sistema corporativo; para a agricultura, o regime patriarcal: aí está sua última palavra.

Na última etapa de sua evolução, essa escola caiu no covarde marasmo da ressaca do dia seguinte[9].

C) O socialismo alemão ou o "verdadeiro" socialismo

A literatura socialista e comunista da França, que surgiu sob a pressão de uma burguesia dominante, expressão literária da revolta contra essa dominação, foi introduzida na Alemanha no momento em que a burguesia iniciava sua luta contra o absolutismo feudal.

Filósofos, semfilósofos e belos espíritos alemães se lançaram avidamente sobre essa literatura, mas esqueceram somente que, com a entrada da literatura francesa na Alemanha, as condições de vida da França não haviam sido simultaneamente introduzidas na Alemanha. Com relação às condições de vida alemãs, essa literatura francesa perdia todo significado prático imediato e assumiu um caráter puramente literário. Tinha de aparecer apenas como uma especulação ociosa sobre a verdadeira sociedade, sobre a realização da essência humana. Assim, para os filósofos alemães do século XVIII, as reivindicações da primeira Revolução francesa não passavam de reivindicações da "razão prática" em geral e as manifestações da vontade da burguesia revolucionária francesa não exprimiam a seus olhos senão as leis da vontade pura, da vontade como esta tem de ser, da vontade verdadeiramente humana.

[9] Na edição de 1888 se lê: "Por fim, quando os inflexíveis fatos históricos dissiparam todos os efeitos da embriaguez, esse socialismo caiu numa deplorável ressaca (NT).

O único trabalho dos literatos alemães consistiu em harmonizar as novas ideias francesas com sua velha consciência filosófica ou, melhor, em se apropriar das ideias francesas partindo de seu próprio ponto de vista filosófico.

Eles se apropriaram delas como se faz com uma língua estrangeira, pela tradução.

Sabe-se como os monges recobriam os manuscritos das obras clássicas da antiguidade pagã com absurdas lendas de santos católicos. Os literatos alemães procederam de modo inverso com a literatura francesa profana. Escreveram seus disparates filosóficos por detrás do original francês. Por exemplo, por detrás da crítica francesa do regime financeiro, escreveram "alienação da natureza humana", por detrás da crítica francesa do Estado burguês escreveram "abolição do reino da universalidade abstrata", e assim por diante.

Eles batizaram a substituição dessa fraseologia filosófica nos textos críticos franceses de "filosofia da ação", "socialismo verdadeiro", "ciência alemã do socialismo", "justificação filosófica do socialismo", etc.

Dessa maneira, a literatura socialista-comunista francesa foi formalmente castrada. E como nas mãos dos alemães ela deixou de ser a expressão da luta de uma classe contra outra, esses autores se convenceram de terem superado a "estreiteza francesa" e de terem defendido não verdadeiras necessidades, mas a "necessidade do verdadeiro"; não os interesses do proletário, mas os interesses do ser humano, do homem em geral, do homem que não pertence a nenhuma classe, que não pertence a nenhuma realidade e que só existe no céu nebuloso da imaginação filosófica.

Esse socialismo alemão, que levava tão solenemente a sério seus desajeitados exercícios escolares e que os alardeava com tão rumoroso charlatanismo, foi perdendo, contudo, pouco a pouco sua pedante inocência.

A luta da burguesia alemã, especialmente da burguesia prussiana contra os senhores feudais e a monarquia absoluta, numa palavra, o movimento liberal, tornou-se mais séria.

Desse modo, o "verdadeiro" socialismo teve a tão sonhada ocasião de opor ao movimento político as reivindicações socialistas; pôde lançar os tradicionais anátemas contra o liberalismo, contra o regime representativo, contra a concorrência burguesa, contra a liberdade burguesa de imprensa, contra o direito burguês, contra a liberdade e a igualdade burguesas; pôde pregar às massas que elas nada tinham a ganhar, mas, ao contrário, tudo a perder, com esse movimento burguês. O socialismo alemão esqueceu, bem a propósito, que a crítica francesa, da qual era um insípido eco, pressupunha a sociedade burguesa moderna com as correspondentes condições materiais de existência e uma constituição política apropriada – pressupostos que, precisamente para a Alemanha, ainda se tratava de conquistar.

Para os governos absolutos da Alemanha, com seu séquito de padres, professores, fidalgos rurais e burocratas, esse socialismo se tornou, contra a burguesia ameaçadora, o sonhado espantalho.

Foi o complemento açucarado das chicotadas e dos tiros de fuzil com os quais esses mesmos governos respondiam às sublevações dos operários alemães.

Se o "verdadeiro" socialismo se tornou dessa maneira uma arma nas mãos dos governos contra a burguesia alemã, representava também diretamente um interesse reacionário, o interesse da pequena burguesia alemã. A classe dos pequenos burgueses legada pelo século XVI, e desde então renascendo incessantemente sob diversas formas, constitui para a Alemanha a verdadeira base social do regime estabelecido.

Manter, na Alemanha, é manter o regime existente. A supremacia industrial e política da grande burguesia ameaça essa pequena burguesia de destruição certa, em consequência, de um lado, da concentração dos capitais e, de outro, pelo aparecimento de um proletariado revolucionário. O "verdadeiro" socialismo pareceu-lhe capaz de matar dois coelhos com uma cajadada só. Ele se propagou como uma epidemia.

Com os tecidos leves da especulação, os socialistas alemães fizeram um belo e amplo vestido, bordado com finas flores de sua retórica, todo impregnado de um caloroso orvalho sentimental, e com ele vestiram o esqueleto de suas “verdades eternas”, o que, entre aquele público, só serviu para ativar o escoamento de sua mercadoria.

De sua parte, o socialismo alemão compreendeu cada vez melhor que sua vocação era a de representar com grandiloquência essa pequena burguesia.

Proclamou que a nação alemã era a nação normal e que o pequeno burguês alemão era o homem normal. A todas as infâmias desse homem normal atribuiu um sentido oculto, um sentido superior e socialista que as fazia significar o contrário do que realmente eram. E chegou até as últimas consequências, levantando-se contra a tendência “brutalmente destrutiva” do comunismo e proclamando que ele planava imparcialmente acima de todas as lutas de classes. Com raras exceções, todas as publicações pretensamente socialistas ou comunista que circulam na Alemanha pertencem a essa literatura suja e enervante[10].

2. O socialismo conservador ou burguês

Uma parte da burguesia procura remediar os males sociais para consolidar a sociedade burguesa.

Pertencem a essa categoria os economistas, os filantropos, os humanitários, os que procuram melhorar a situação da classe operaria, os que procuram organizar a beneficência, proteger os animais, fundar sociedades de temperança, numa palavra, os reformadores obscuros de todo tipo.

E chegou-se até mesmo a elaborar esse socialismo burguês em sistemas completos.

Como exemplo, podemos citar a *Filosofia da miséria* de Proudhon[11].

[10] A tempestade revolucionária de 1848 varreu toda essa lamentável escola e tirou de seus defensores o desejo de continuar especulando com o socialismo. O principal representante e o tipo clássico dessa escola é o senhor Karl Grün (*Nota de Engels à edição alemã de 1890*).

Os socialistas burgueses querem as condições de vida da sociedade moderna sem as lutas e os perigos que delas decorrem fatalmente. Querem a sociedade atual, mas expurgada dos elementos que a revolucionam e a dissolvem. Querem a burguesia sem o proletariado. A burguesia, como é natural, concebe o mundo em que domina como o melhor dos mundos. O socialismo burguês elabora mais ou menos a fundo essa representação consoladora em sistemas. Quando convoca o proletariado para realizar seus sistemas e entrar na nova Jerusalém, nada mais faz, no fundo, que convidá-lo a se enquadrar na sociedade atual, mas também a renunciar à odiosa concepção que faz dela.

Uma segunda forma de socialismo, menos sistemático mas mais prático, procurou fazer os operários perder o gosto por todo movimento revolucionário, mostrando-lhes que não seria esta ou aquela transformação política, mas somente uma transformação das condições da vida material, das relações econômicas, que poderia lhes ser de proveito. Por transformação das condições da vida material, contudo, esse socialismo não entende, de forma alguma, a abolição do regime burguês de produção – que é possível somente por meio da revolução – mas unicamente a realização de reformas administrativas na mesma base dessas relações de produção, reformas que, por conseguinte, nada mudam nas relações do capital e do trabalho assalariado, mas que, no melhor dos casos, só fazem reduzir para a burguesia os custos de sua dominação e simplificar o orçamento do Estado.

O socialismo burguês só atinge sua expressão adequada quando se torna uma simples figura de retórica.

Câmbio livre no interesse da classe operária! Taxas protecionistas no interesse da classe operária! Prisões em celas no interesse da classe operária! Esta é a última palavra do socialismo burguês, a única pronunciada seriamente.

De fato, o socialismo burguês consiste precisamente na afirmação de que os burgueses são burgueses – no interesse da classe operária.

[11] Pierre Joseph Proudhon (1809-1865), teórico político e economista francês; à sua obra *Philosophie de la misère*, Marx respondeu com o livro intitulado *Miséria da filosofia* (NT).

3. O SOCIALISMO E O COMUNISMO CRÍTICO-UTÓPICOS

Não falamos aqui da literatura que em todas as grandes revoluções modernas formulou as reivindicações do proletariado (escritos de Babeuf[12], etc.).

As primeiras tentativas diretas do proletariado para fazer prevalecer seus próprios interesses de classe, realizadas numa época de efervescência geral, no período da derrubada das sociedade feudal, falharam necessariamente em decorrência do estado embrionário do próprio proletariado, bem como da ausência das condições materiais de sua emancipação, condições que são precisamente o produto da época burguesa. A literatura revolucionária que acompanhava esses primeiros movimentos do proletariado tem forçosamente um conteúdo reacionário. Preconiza um ascetismo universal e um igualitarismo grosseiro.

Os sistemas socialistas e comunistas propriamente ditos, os sistemas de Saint-Simon, Fourier, Owen[13], etc. surgem no primeiro período da luta entre proletariado e burguesia, anteriormente descrito (ver *Burgueses e proletários*).

Os inventores destes sistemas se dão conta, sem dúvida, do antagonismo das classes, assim como a ação de elementos dissolventes na própria sociedade dominante. Mas do lado do proletariado não percebem nenhuma iniciativa histórica, nenhum movimento político que lhe seja próprio.

Como o desenvolvimento do antagonismo das classes acompanha o desenvolvimento da indústria, não percebem tampouco as condições materiais para a emancipação do proletariado e se põem à procura de uma ciência social, de leis sociais, para criar essas condições.

[12] François Noel Babef (1760-1797), revolucionário e socialista francês, defendeu a coletivização das propriedades produtivas e a administração comum das riquezas; preso, foi condenado à morte (NT).

[13] Claude Henri de Rouvroy, conde de Saint-Simon (1760-1825), filósofo e economista francês, expoente do socialismo utópico; Charles Fourier (1772-1837), teórico socialista francês, defendia a produção em cooperativas; Roberto Owen (1771-1858), filantropo e socialista inglês, defendia a organização da produção em cooperativas e fomentava o sindicalismo (NT).

Em lugar da atividade social, colocam em ação sua própria engenhosidade; em lugar das condições históricas da emancipação, condições fantasiosas; em lugar da organização gradual e espontânea do proletariado em classe, uma organização da sociedade pré-fabricada por eles próprios. Para eles, o futuro do mundo se resolve na propaganda e na realização prática de seus planos de sociedade.

Na confecção desses planos, contudo, eles têm consciência de defender principalmente os interesses da classe operária, porque é a classe que mais sofre. Para eles o proletariado existe somente sob esse aspecto de classe que mais sofre.

Mas a forma rudimentar da luta de classes, assim como sua própria posição social, os levam a acreditar que eles estão muito acima do antagonismo de classes. Desejam melhorar as condições matérias da vida de todos os membros da sociedade, mesmo dos mais privilegiados. Por conseguinte, não cessam de apelar indistintamente para toda a sociedade e de preferência para a classe dominante. Pois, na verdade, basta compreender seu sistema para reconhecer que é o melhor de todos os planos possíveis para a melhoria das sociedades possíveis.

Por isso rejeitam toda ação política e particularmente toda ação revolucionária; procuram atingir seu objetivo por meios pacíficos e tentam abrir caminho ao novo evangelho social por meio da força do exemplo, por meio de pequenas experiências que naturalmente sempre fracassam.

Essa descrição fantástica da sociedade futura, feita numa época em que o proletariado, ainda pouco desenvolvido, encara sua própria situação de uma maneira imaginaria, corresponde às primeiras aspirações instintivas dos operários para uma transformação completa da sociedade.

Mas os escritos socialistas e comunistas encerram também elementos críticos. Atacam a sociedade existente em suas próprias bases. Por isso forneceram, em sua época, valioso material para esclarecimento dos operários. Suas proposições positivas referentes à sociedade futura – como supressão do antagonismo entre cidade e campo, abolição da família, do lucro privado e do trabalho assalariado, proclamação da harmonia social e transformação do Estado numa simples administração da produção – todas essas proposições nada mais fazem do que anunciar o desaparecimento do antagonismo das classes, antagonismo que começa somente a se desenhar e que os inventores de sistemas só conhecem suas primeiras formas indistintas e confusas. Por isso essas proposições têm ainda somente um sentido puramente utópico.

A importância do socialismo e do comunismo crítico-utópicos está na razão inversa do desenvolvimento histórico. À medida que a luta de classes se acentua e toma forma, essa maneira de se elevar acima dela pela imaginação, essa oposição imaginária que se faz contra ela, perdem todo o valor prático, toda justificação teórica. É por isso que, se sob muitos aspectos os autores desses sistemas eram revolucionários, as seitas que seus discípulos formam são sempre reacionárias, pois esses discípulos se obstinam em manter as velhas concepções de seus mestres, apesar da evolução histórica do proletariado. Procuram, portanto, e nisso são consequentes, atenuar uma vez mais a luta de classes e conciliar os antagonismos. Continuam a sonhar na realização experimental de suas utopias sociais – estabelecimento de falanstérios isolados, criação de colônias internas no país, fundação de uma pequena Icária, edição in-12 da Nova Jerusalém[14] – e para a construção de todos esses castelos no ar se veem obrigados a apelar ao coração e aos bolsos dos filantropos burgueses. Pouco a pouco caem na categoria dos socialistas reacionários ou conservadores, anteriormente descritos, e deles se distinguem apenas por um pedantismo mais sistemático e uma fé supersticiosa e fanática na eficácia milagrosa de sua ciência social.

Eles se opõem,portanto, encarniçadamente a toda ação política da classe operária, uma vez que semelhante ação, segundo o parecer

[14] *Falanstérios* eram as colônias socialistas, segundo projeto de Charles Fourier; *Icária* foi o nome dado por Cabet à sua utopia e, mais tarde, à sua colônia comunista na América (*Nota de Engels à edição inglesa de 1888*).

deles, não poderia provir senão de uma cega falta de fé no novo evangelho.

Os owenistas na Inglaterra e os fourieristas[15] na França reagem contra os cartistas e contra os reformistas respectivamente.

[15] Owen chamou suas sociedades comunistas de *home-colonies* (colônias no interior). *Falanstérios* era o designativo das construções sociais imaginadas por Fourier. Chamava-se *Icária* o país utópico, cujas instituições comunistas Cabet descreveu (*Nota de Engels à edição alemã de 1890*).

IV – Posição dos comunistas diante dos diversos partidos de oposição

De acordo com o que dissemos no capítulo II, a posição dos comunistas com relação aos partidos operários já constituídos se explica por si mesma e, por conseguinte, com relação aos cartistas na Inglaterra e aos reformadores agrários na América do Norte.

Os comunistas lutam pelos interesses e pelos objetivos imediatos da classe operária, mas no movimento presente defendem e representam ao mesmo tempo o futuro do movimento. Na França os comunistas se aliam ao partido democrático-socialista[1] contra a burguesia conservadora e radical, reservando-se o direito de criticar a fraseologia e as ilusões legadas pela tradição revolucionária.

Na Suíça apoiam os radicais, sem deixar de reconhecer que esse partido é composto por elementos contraditórios, em parte socialistas democráticos na acepção francesa da palavra, em parte burgueses radicais.

[1] Esse partido era então representado no Parlamento por Ledru-Rollin, na literatura por Louis Blanc, na imprensa diária por La Réforme. O nome social-democracia significava, no pensamento de seus inventores, uma seção do partido democrata ou republicano com uma tintura mais ou menos socialista (*Nota de Engels à edição inglesa de 1888*).

Na Polônia, os comunistas apoiam o partido que vê numa revolução agrária a condição da libertação nacional, isto é, o partido que desencadeou a insurreição de Cracóvia de 1846[2].

Na Alemanha o partido comunista luta junto com a burguesia sempre que esta assume uma posição revolucionária contra a monarquia absoluta, a propriedade fundiária e a pequena burguesia.

Mas em momento algum o partido comunista deixa de despertar nos operários uma consciência clara e nítida do antagonismo violento entre a burguesia e o proletariado, para que os operários alemães, na hora aprazada, saibam converter as condições políticas e sociais criadas pelo regime burguês em outras tantas armas contra a burguesia, a fim de que, tão logo tenham sido destruídas as classes reacionárias da Alemanha, possa começar a luta contra a própria burguesia.

É para a Alemanha que se volta particularmente a atenção dos comunistas, porque a Alemanha está às vésperas de uma revolução burguesa, porque vai realizar essa revolução em condições mais avançadas de civilização europeia, com um proletariado muito mais desenvolvido que o da Inglaterra no século XVII e o da França no século XVIII, e porque, por conseguinte, a revolução burguesa alemã só poderá ser o imediato prelúdio de uma revolução proletária.

Numa palavra, em toda parte os comunistas apoiam todo movimento revolucionário contra a ordem social e política existentes. Em todos esses movimentos põem em destaque a questão da propriedade, qualquer que seja o grau de evolução que possa ter alcançado, como a questão fundamental do movimento.

Finalmente, os comunistas trabalham pela união e pelo entendimento entre os partidos democráticos de todos os países.

O que então se chamava partido socialista-democrático na França era representado na política por Ledru-Rollin e na literatura por Louis Blanc; estava, pois, a milhares de léguas da social-democracia alemã de nossos dias (*Nota de Engels à edição alemã de 1890*).

Os comunistas se recusam a dissimular suas opiniões e seus projetos. Proclamam abertamente que seus objetivos não podem ser alcançados senão pela derrubada violenta de toda a ordem social passada. Que as classes dominantes tremam diante de uma revolução comunista! Os proletários nada têm a perder a não ser suas cadeias. Têm um mundo a ganhar.

Proletários de todos os países, uni-vos!

Vida e obras de Karl Marx

Karl Marx nasceu em 1818 em Trier, Alemanha, e faleceu em Londres em 1883. Segundo filho de um advogado liberal de confissão judaica convertido ao protestantismo, Karl Marx estudou Direito nas universidades de Bonn e de Berlim, onde passou a se interessar particularmente pela história e pela filosofia. Em 1841 redigiu uma tese sobre *As diferenças da filosofia em Demócrito e Epicuro*, que o fez descobrir a crítica materialista da religião. Em 1842 tornou-se redator-chefe da *Gazeta Renana*, jornal de oposição fundado por burgueses radicais. Foi então que tomou conhecimento dos problemas econômicos e conheceu melhor o socialismo francês, pela leitura de Saint-Simon, Fourier, Proudhon e outros. Casou-se em 1843 com uma amiga de infância, Jenny von Westphalen e mudou-se para Paris, onde lançou os *Anais Franco-Alemães*, em cujo único número publicou *A questão judaica* (1844). De passagem por Paris em 1844, Engels conheceu Marx e ambos se tornaram amigos pelo resto da vida. O período vivido em Paris (1845-1848) e depois em Bruxelas (1845-'848) foi marcado por uma intensa atividade política. Multiplicou os contatos com os militantes operários e os emigrados alemães e, junto com Engels, fundou a *Sociedade dos operários alemães de Bruxelas*. Por solicitação da Liga dos Comunistas, os dois redigiram em 1848 o *Manifesto do Partido Comunista*. Expulso da Bélgica, Marx se refugiou em Colônia, onde lançou a *Nova Gazeta Renana*, para a qual escreveu numerosos artigos em favor dos operários. Expulso da Alemanha e depois da França, em 1849 foi para Londres, onde viveu na miséria. Nesse período se dedicou a estudos de economia e traçou o esboço de sua obra principal, *O Capital*. Em 1864 foi convidado a assumir a direção da *Associação geral dos operários alemães* (I Internacional), para a qual redigiu o *Discurso inaugural* e os *Estatutos*. Passando por Paris, participou ativamente da definição dos programas dos partidos operários alemão e francês. Continuou escrevendo em parceria com Engels, mas caiu doente, deixando sua obra máxima, *O Capital*, incompleta, embora a primeira parte já tivesse sido publicada parte em 1867 (as duas outras, redigidas por Engels a partir de notas de Marx, foram publicadas entre 1885 e 1894). Doente, assistindo à morte de sua esposa em 1881 e depois de sua filha (1883), Marx não resistiu, vindo a falecer no dia 14 de março de 1883 (Fonte: Grande Enciclopédia Larousse, Círculo do Livro, 1988, São Paulo).

Principais obras:

- *A GUERRA CIVIL NA FRANÇA (1871)*
- *A IDEOLOGIA ALEMÃ (1845 - EM PARCERIA COM ENGELS)*
- *A QUESTÃO JUDAICA (1844)*
- *A SAGRADA FAMÍLIA (1845 - EM PARCERIA COM ENGELS)*
- *LUTAS DE CLASSES NA FRANÇA (1850)*
- *MANIFESTO DO PARTIDO COMUNISTA (1848 - EM PARCERIA COM ENGELS)*
- *MISÉRIA DA FILOSOFIA (1847)*
- *O CAPITAL (1867)*

Vida e obras de Friedrich Engels

Friedrich Engels nasceu em 1820 em Barmen, Alemanha, e faleceu em Londres em 1895. Como estudante de filosofia, participou de movimentos de esquerda que visavam a derrubada da religião tradicional e do Estado existente. Em 1842, foi para a Inglaterra, trabalhar na indústria de fiação de seu pai em Manchester. De passagem por Paris em 1844, conheceu Karl Marx, de quem se tornou amigo. Juntos, participaram da fundação da Liga dos Comunistas em 1847 e redigiram o célebre Manifesto do Partido Comunista. Em 1848, Engels tomou parte na insurreição alemã que foi sufocada, sobre a qual escreveu o livro Revolução e contrarrevolução. Voltando para a Inglaterra, a fim de assumir a direção da indústria têxtil do pai, lá encontrou Marx, fugindo das perseguições que lhe moviam as polícias de vários países da Europa, a quem ajudou financeiramente.

Em 1870, Engels vendeu a empresa de fiação em Manchester, mudou-se para Londres, onde passou a se dedicar exclusivamente a seus estudos e pesquisas, além de tomar parte ativa na luta revolucionária de cunho comunista. Sua experiência como industrial lhe permitiu vivenciar toda a problemática do operariado, além de entender todo o processo de produção capitalista. Essa experiência no mundo do trabalho e da produção lhe foi de grande valia para as análises profundas que apresenta em suas obras, em sua maioria sobre esses temas, além de fornecer muitos dados a Marx que os utilizou em sua obra *O Capital*.

PRINCIPAIS OBRAS:

- *MANIFESTO DO PARTIDO COMUNISTA (1848 - EM PARCERIA COM KARL MARX)*
- *A SITUAÇÃO DA CLASSE TRABALHADORA NA INGLATERRA (1872)*
- *A SAGRADA FAMÍLIA (1845 - EM PARCERIA COM KARL MARX)*
- *A IDEOLOGIA ALEMÃ (1845 - EM PARCERIA COM KARL MARX)*
- *REVOLUÇÃO E CONTRARREVOLUÇÃO NA ALEMANHA (1852)*
- *O ANTI-DÜHRING (1883)*
- *A DIALÉTICA DA NATUREZA (1883)*
- *A ORIGEM DA FAMÍLIA, DA PROPRIEDADE PRIVADA E DO ESTADO (1884)*

Impressão e Acabamento:
Gráfica Oceano